自分で決める、自分で選ぶ

—これからのキャリアデザイン—

株式会社クオレ・シー・キューブ
代表取締役
岡田 康子

東峰書房

まえがき

●今がチャンス、ラストチャンス

今、働く女性にとってまたとないチャンスが訪れています。政府は日本再興戦略の目玉として女性の活躍を挙げ、「二〇二〇年までに指導的地位の女性を三〇%に」という目標を掲げています。そして、国会で検討を重ねてきた女性活躍推進法がこの八月二八日に可決されました。これによって従業員三〇一人以上の企業は二〇一六年から女性活躍の現状を把握し、目標設定を行い、それを公表することを義務付けられました。

各省庁や経団連でもそれらを後押しする施策を次々に打ち出しています。女性活躍「見える化」サイトやはばたく女性人材バンクの開設、なでしこ銘柄の選定、ダイバーシティー経営企業一〇〇選、女性活躍アクション・プランなど、女性活躍推進の機運は今までになく高まっています。

実は今までにも女性活躍推進は何度も言われ、さまざまな施策が打たれてきました。その結果、働き続ける女性の数は増えました。しかし、なかなか指導的な地位にまで上がることはありませんでした。

女性の活躍度合いを毎年国際的に比較したジェンダーギャップ指数（男女平等指数）によれば、二〇一四年において日本の順位は一四二ヶ国中一〇四位となっており、ここ数年の比較でも概ね一〇〇位以下となっています。国際的に見てもなんとも情けない状態が続いているわけです。

しかし、今は建前では許されない背景があるのです。それは「仕方なく」ではなく、「何としても女性に活躍してもらわなければ」という状況に追い込まれていることです。ですから、意欲ある女性にとって今がチャンスなのです。

その第一の理由は、団塊の世代が次々に退職していく中で、労働の担い手としての女性への期待が膨らんでいることです。しかし、それだけでなく男性中心の論理で進めてきた企業活動も限界が見え始め、企業の成長のためには女性の発想が必要となっていることに経営陣も気づき始めているのです。

また、これまでの長時間労働を前提とした仕事中心の働き方を見直さなければ、労働生産性も上がらないという課題に直面しています。この働き方には男性からも悲鳴の声が上がり、心の病を得てしまう人や辞めてしまう人が続出しています。また採用面でもそういう企業には優秀な人材が集まらなくなってきています。

ということで今、女性活躍推進の大きな変化は、女性のための福利厚生的活躍推進策から企業の生き残りをかけた戦略の根底に位置づけられてきているというわけです。

とはいえ、まだまだ女性自身も「で、どうなるの？」と疑心暗鬼になっている状態かと思います。しかし、大事なのは女性自身が本気で自分の力を信じることです。機は熟していますから、先に気づいて動き始めた人は、きっと満足する結果を得ることができるでしょう。

一方で将来の雇用不安も考えられます。オックスフォード大学のマイケル・A・オズボーン准教授が発表した『雇用の未来――コンピューター化によって仕事は失われるのか』という論文は多くの人に衝撃を与えました。

一〇年後以降に無くなる可能性のある仕事の中には、コールセンターのオペレーター、経理担当者、レジ係、小売り営業員、銀行窓口係、保険営業員も入っています。コンピューター、人工知能は飛躍的な進歩を遂げ、繰り返しの定型業務はますますコンピューターがとってかわることでしょう。

その結果、人間に残された仕事は何なのでしょうか。よく「私はこのままでいいんです」「今の仕事を一生懸命やります」と言って真面目にコツコツと仕事をしている方がいますが、正直なところ、企業としては「今のままの仕事をしている人」は十数年後には要らないのです。そのときあなたはコンピューター以上の仕事ができると言い切れますか？

だから、今がチャンス、そしてラストチャンスなのです。

この本はチャンスを目の前にした女性たちが自分の未来を発見するためのものです。本を読みながら新しい自分に出会ってください。

最近はダイバーシティーを推進している企業が多くなっており、その中核に女性の登用が位置づけられています。しかし、真のダイバーシティーは構成メンバーの属性の多様性だけでは実現できません。一人ひとりが「内にあるダイバーシティー」を認めていくことにあります。仕事だけでなく、家庭や地域、友人の中での自分、趣味に没頭する自分。また常に頑張るかっこいい自分だけでなく、怠け者の自分、だらしない自分、弱い自分、たとえそれがネガティブと思われるような部分であったとしても自分の一部として認めることができる人が他者の中にある多様性を認めることができるのでしょう。

そうした意味では、ぜひ男性にも読んでいただき、新しい多様な自分を発見していただきたいと思います。

●女性によって企業イノベーションを

一方、企業の立場からみれば、政府の要請に応えた形ばかりの施策、時流に合わせた一過性の施策は時間とお金の無駄遣いであり、逆に女性の意欲を削いでしまうことになりかねません。

単なる労働力の確保であれば、それが必ずしも人間である必要はないでしょう。コンピューターやロボットの方が間違いも少なく、効率的で不満も言いません。ですから労働力確保という目的を超えた自社におけるメリットをきちんと考える必要があるのです。

また一口に女性活躍推進といいますが、実は女性はその年代や属性によってさまざまな特性があり、個別の課題があります。また企業によってもその構成は違いますので、一括りにはできません。

例えば、五〇歳前後の総合職女性は部長、役員へ進むために経営的視点を持つという課題があります。一般的に管理職になる女性はスタッフ部門が多く、現場経験がないためこれ以上の昇進は難しいとされ、本人も〝自ら稼いだ〟という自信がないために尻込みしてしまうという傾向があります。実践的に経営を学び、視野を広げることに課題があるということができるでしょう。

しかし、総合職女性だけに目を向けた女性活躍推進には限界があります。人事担当者に伺うと「うちに管理職候補の女性はいない」と言い切る方がいます。客観的にみると「こんなに女性が働いているのに?」と思うのですが、それは総合職がいない、イコール管理職候補者がいないということのようなのです。

私はいわゆる一般職女性、あるいはパートタイマーや派遣社員などの女性たちが企業にとって大きな隠れ資産ではないかと思っています。この方たちの多くは、能力がないから総合職になれなかったのではなく、自分自身の時間を大切にしたいから一般職を選んでいる。会社との関係を割り切って考えているだけなのです。価値のある仕事が与えられれば、私生活を後回しにしてでも仕事に積極的に取り組み、驚くほどの実力を発揮します。私の周りにはそれを実証してきた女性がたくさんいます。ただ、ほとんどの人は定型的な仕事、間違いがあってはならない仕事を続けてきたばかりに、失敗することに臆病になっているのではないでしょうか。

この本では実際にやりがいのある仕事を見つけて劇的に変身を遂げた子育て中の女性の話を取り上げました。今、企業が力を入れるべきは、人数的に最も多いこの層の女性たちへの動機づけと支援なのです。

しかし、どんな女性でも四、五〇代は過渡期。自分の健康にもどこか不安を抱え、無理がきかなくなったところに、両親の介護。もう少し若い世代なら思春期を迎えた子供の問題に対峙せざるをえないでしょう。独身であれば将来の不安もあります。もちろん結婚、出産、育児中の世代には、法律で保障された保護は当然のこと、周囲の配慮が必要であることはいうまでもありません。

そうしたそれぞれの層が持つ個別の課題に対応するきめ細かい施策が必要となってきています。子育て中の層だけでなく、派遣社員やパートタイマーの正社員への登用、再雇用、学生採用など組織で活躍する女性を増やすためにはさまざまな課題があるのです。それも業界、風土、戦略によって各社各様ではないでしょうか。

そして何より重要なことは、女性活躍推進の施策によって、結果的に企業にどのような利益がもたらされるのか明確な道筋をつけることです。時間とお金を投資するのですから、その結果も経営効果として換算できるものでなければならないはずです。

経済産業省は、女性の活躍によって、プロダクトイノベーション、プロセスイノベーション、外的評価の向上、職場内の効果、社会的責任への評価向上——と五つの経営効果が望めることを提言しています。

私たち、株式会社クオレ・シー・キューブは二〇一三年から「新たな価値は女性がつくる」という合言葉をもとにＤＩＷ（dynamic innovation by women）塾を開催しています。このＤＩＷ塾では参加者に半年間で事業提案のプロセスを経験してもらい、プロダクト、プロセスの面で女性の視点から直接的イノベーションの創出を試みています。

開催してみると、そこで出されたアイデアは生活者としてのニーズに基づいた興味深いものでした。それ以上に驚いたのは参加された女性たちの意識の変化でした。他社からの参加者との交流で客観的に自己評価をし、自己の成長課題を見出していきました。交渉力、プレゼンテーション力、実行力など半年間での彼女たちの成長は目を見張るものがありました。

その上、参加者を派遣したある企業ではその報告会を社内で実施したところ、本人のみならず周囲の女性や、男性社員にまで大きなインパクトを与えたということです。今まで隣で働いていた普通の女性が経営的視野を持って、堂々と新事業を提案する姿を見て、自分自身が追い立てられるような感覚を持ったというのです。これは予期せずに職場内効果が生まれたということでしょう。

本書はこのＤＩＷ塾で活用した自分のキャリア開発を考えていく手法と、新事業提案手法を合わせて紹介いたします。第五章では塾の参加者が提案した新事業の具体的な事例をアレンジして紹介しています。新事業提案の手法まで必要ないという方は、第五章を飛ばして読んでください。

この本を書くにあたってＤＩＷ塾を指導してくださった早稲田大学の大江建参与、東洋学園大学の石黒順子さんから多大なご協力をいただきました。とりわけ第五章は主に石黒さんに書いていただいています。また、津田秀晴さんにはビジネス現場で活躍する女性たちの取材をしていただきました。残念ながらこの本には載せきれなかったのですが、クオレ・シー・キューブのホームページで公開しています。ぜひご覧ください。また津田さんには拙い私の文章を読みやすくしていただきました。そして、なによりもＤＩＷ塾の参加者の存在は欠かせません。人が真剣に物事に取り組み、成長して行く姿を目の当たりにすることで多くの感動をいただきました。

その感動の輪が少しでも広がっていき、日本を元気にしていくことを願っています。

二〇一五年九月

著者代表　株式会社クオレ・シー・キューブ　代表取締役

岡田　康子

〈第一章〉

エンプロイアビリティを磨く

「年をとったからこんなことはできない――。そう思ったら今すぐやったほうがいい」

マーガレット・デランド
（作家）

今、あなたがしている仕事は一〇年後にありますか？

●女性社員Oさんの不安と決意

某中堅メーカーに勤めるOさん（四〇代・一般職）の話です。

彼女は二〇年ほど前、短大卒業後に父親のご縁でこの会社に入りました。この会社は公的機関がお客様ということもあり、堅実で安定した伝統的な企業でした。

そのため、激しい競争もなく、そこで働く社員のほとんどは穏やかで真面目な男性です。女性もある程度いますが、大抵は結婚を機に退職していました。ですから、就職面接では、「女性はお茶くみとコピー取りができればいい。逆に言うと、うちではそれぐらいしか仕事がない。それでもいいですか」と言われたほどですが、彼女はむしろそれで十分だったといいます。

就職は、あくまで結婚までの〝腰掛け〟のつもりだったからです。

ですから、入社後も「積極的に会社に貢献しよう」などという気持ちはなく、現在の部署（企画関係）に異動してくるまでは、産休をはさんで、社内でも更にのんびりした部署で優雅に過ごしてきたのです。

彼女自身が「当時は、よくあんな仕事ぶりでお給料をもらっていたと思う。本当に不良社員でした……」と恥ずかしそうに振り返るほどでした。

そんなOさんの意識が多少なりとも変わったのは、会社が業績不振に陥り、三〇代になって今の会社に買収されてからのことです。

Oさんのいた部署にも親会社から新しい上司がやってきて、それまでのんびりしていた環境が一変しました。男性社員はもちろん、女性社員に対しても、より会社に貢献する働き方が求められるようになったのです。

しかし、入社以来、仕事に対する意識もスキルも特別高めてこなかったOさんは突然「働き方を変えなさい」と言われても途方に暮れてしまいます。

ちょうど二度目の産休に入る直前だったこともあり、「このまま辞めてしまおうか……」とも思いましたが、共働きの収入を想定して住宅ローンを組んだ後だったため、簡単には辞めることもできなくなっていました。

このままでは辞めさせられるのではないかと思い悩み、二度目の産休中に英語や『エクセル(表計算ソフト)』を通信教育で勉強してはみたものの、「将来、この会社に自分の居場所はあるのだろうか?」という不安は大きくなるばかりです。ただ単に働き続けるだけならこの会社は環境が整っていて、育児や介護のための休業や時短の制度も整っていました。しかも、周囲も女性の子育てには協力的で早く帰ることができました。

しかし、買収された後は、新卒でキャリア志向の女性社員が入社してくるようになり、彼女たちには男性と同じ教育がされるようになりました。また、職場では派遣社員も多くなり、「彼女たちはもしかして自分よりも優秀なのではないか」と感じることも多く、それが大きなプレッシャーになっていきました。

そんな中でOさんも何とか会社の役に立とうと考えます。しかし、いったいどう頑張ったらいいのかわからず、焦る気持ちは高まるばかりでした。

育児時短で他のメンバーより早く会社を出るときは「何だか自分だけ申し訳ないな」と感じながらも、急いで保育園に直行、夕食の買い物をして帰宅。あわてて夕食の準備、片付け、子供を寝かしつけてホッとする頃にはもう一二時を過ぎることも稀ではありませんでした。

翌朝も早く起きて朝食の準備や洗濯、掃除――と分刻みで時間は過ぎていきます。子供を預けて何とか会社に着く頃には、「冗談ではなくもうくたくたになっていました。「家事を終えてから自分の時間をつくって勉強もしようと思っていましたが、とても体がついてこなかった」とOさんは言います。

それほど頑張っていたOさんですが、家族からは「子供にそんな思いまでさせてやる仕事?」と言われ、職場では「子供がいるんだから無理しないでいいよ」と声をかけられて、以前なら優しいと感じた一言もだんだんと辛くなってきました。会社でも家でも中途半端でやりたいことができていない――、そんな不全感に陥るようになってきたのです。

私がOさんに出会ったのは、彼女がそうやって悩んでいるときでした。葛藤で苦しむ彼女の姿を見て彼女の上司が私との面談の場を設けたのです。

その場では彼女だけでなく同じような悩みを持つ女性があと二人ほど同席しました。

私は、今でもその三人の必死のまなざしを忘れることができません。しきりに「何を勉強したらいいですか」、「自分をどう変えたらいいですか」と口々に問いかけてきました。

そこで、私はいくつかの質問をしました。

「あなたの会社は何をつくり、どんなサービスを提供しているのですか?」

「お客様はどんな企業? 人?」

「一〇年後には……、三〇年後には、会社はどうなっているの?」

「そのとき会社は、どういう人材を求めているの?」

このような私の質問に、彼女たちはポカンとしていました。

今まで長く会社に勤めてはいたものの、自分の会社が世の中とどう関わり、どのように貢献しているのかなど考えてもみなかったというのです。それどころか、「漠然とは知っていたものの会社が何をつくっているのかもよくわからない」というのが本音だったようです。

ましてや、会社の方向性を示している〈社長の年頭あいさつ〉は、聞いてはいても、それが自分の仕事と関係あるなどとは思ってもみなかったというのです。

でも、これは彼女たちに理解力がないわけでも、意欲がないからでもありません。残念ながらほとんどの人たちがそうですが、目の前の仕事に忙殺され、世の中と会社と自分の関係性や将来が見えていないのです。

半年後に経営会議でプレゼンをするまでになったOさん

どんな世の中になっても必要とされる人材でいること、そのためにあなたが今から開発し続けなければならない能力とは何なのでしょうか。会社で、業界で、世の中で必要とされ、貢献できる能力、つまり「エンプロイアビリティを磨く」ということが大事なのです（後述）。

先ほどの女性社員三人の話に戻ると、たった二時間ほどの話し合いで、彼女たちは何かを感じ、小さな決意をしていたように見えました。

その予感は的中しました。それから半年間のOさんの活動は目覚ましく、その成長ぶりは周囲から見ていても驚くばかりでした。

まず、Oさんがとった行動はお母さんからの協力を取り付けることでした。実はこの面談では、お母さんからの理解をえられないことがストレスになり、仕事への意欲にも影響していることがわかったのでした。

専業主婦だったOさんのお母さんは人一倍子供を大切にし、子供のために生きてきたのだそうです。そんなお母さんは「子供を人に預けて仕事をしているが、そうまでしなければならないのだろうか」とOさんに対して批判的だったそうです。そんな目で見られていればOさんとしても面白くなく、お母さんに感謝するどころか、逆に反発すら感じていました。

ですが、お母さんの立場に立って考えてみることで親の思いがわかり、無理をしながらでも自分の子供（孫）たちの面倒を見てくれる母親への感謝の気持ちがこみ上げてきたといいます。

その夜「お母さん、ありがとう」と涙ながらに伝えたら、お母さんも「こちらこそありがとう」と言ってくれたということでした。翌日そのいきさつについてメールをいただいた私も思わず涙ぐんでしまいました。

それ以降のOさんは、上司を説得していくつかの女性活躍推進セミナーに参加するようになりました。それだけではありません。周囲の人たちにインタビューをし、自社の実態をまとめ、上司と共に人事部長に相談し、みんなが働きやすい職場でやりがいのある仕事をやっていくための活動をしていきたいと提案をしています。さらに経営会議での提案、プロジェクトの発足と息つぐ間もないほどの活躍ぶりでした。

アンケート、ヒアリング、経営会議向けの資料の作成とプレゼンテーションなど、みな初めてのことばかりです。そもそもこれまで外部の会合やセミナーに参加することもありませんでしたし、長距離の出張も初めて経験したのです。

そして、二年たった今、この活動に共感する仲間とプロジェクトを立ち上げ、組織風土変革に取り組んでいます。私たちのセミナーに後輩を送り込んできたOさんは、以前の姿とは全く違った自信に満ちた姿でそこに立っていました。

一人の大人として自立した生き方ができていますか？

●雇われ続けるための「エンプロイアビリティ」

先ほどの「エンプロイアビリティ」という言葉は、日本語に直訳すると「雇われ得る力」（Employ + Ability）という意味ですが、私はもっと広いとらえ方として、「（他者から）必要とされる力」と考えるのがよいと思います。

他者というのは、自分の勤めている会社であったり、他社であったり、顧客（市場）のことです。

このエンプロイアビリティは、三つの段階でとらえることができます。

◆エンプロイアビリティ

独立して個人として雇われるエンプロイアビリティ	自律性、自由度が高い。自己責任や社会への責任は高い。報酬の保証はないが、成功すればリターンは大きい。
他の会社でも雇われるためのエンプロイアビリティ	自律性、自由度が高い。自己責任度合いは高い。高い報酬もあるが、雇用は安定しない。
今の会社で雇われ続けるためのエンプロイアビリティ	自由度は低い。責任は一定の範囲内に限定。比較的安定した報酬。

まず基本となるのは、今勤めている会社に雇われ続けるための能力、「所属する組織に雇われ続けるためのエンプロイアビリティ」です。

ただ会社にいるだけではなく、貢献し、活躍し、「ぜひ長く勤めてもらいたい」と言われる能力です。

前述のOさんが当時求めていたのも、このスキルでした。

この能力があるかどうかは、もちろん雇用している会社が判断するわけですが、今の自分に対していくつかの問いかけをするだけでもわかることがあります。

例えば、こんな質問です。

①自分がやっている仕事はすぐに代りがきかないと思いますか?

②過去一年間に「私ならではの仕事」と自負できた仕事をしましたか?

③お客様の要望や周囲の人のことを考えながら仕事をしていますか?

④将来のことを考えながら仕事をしていますか?

⑤上司や仲間から信頼されていますか?

●好条件で転職するための「エンプロイアビリティ」

さて、この「所属する組織に雇われ続けるためのエンプロイアビリティ」が高かったとしても、勤めている会社自体が、あなたが退職する年齢まで存在しているという保証はありません。

ということで、次に必要なエンプロイアビリティは、今の会社の中だけで通用するスキルではなく、他の会社に転職できる力を持つこと、「好条件で転職するためのエンプロイアビリティ」です。

これからの社会は、ますます不確実性の高い、きわめて競争の激しいものになります。中小企業はもちろん、大企業の社員であっても安泰ではありません。リストラ、合併、倒産など、不測の事態が当たり前のように起こり得る時代です。

二〇一三年に倒産した会社は一〇五三六件。これでも減少していて、多い年は二万件近くも倒産しています。長銀や山一證券の倒産は、安定した大企業でも倒産することがあるということを印象付けました。

また、ライブドアやノバの倒産も話題を呼びました。リーマン・ブラザーズの倒産は「リーマンショック」と言われ、しばらくの間世界中を大混乱に陥れてしまいました。

日経ビジネスが特集して話題になった「企業寿命は三〇年」という説があります。会社が生き残るためにはイノベーションを起こし続けなければならないのです。かつて日本のコンピューターには、当然のようにジャストシステムの『一太郎』が入っていましたが、今はそうではありません。

また、インターネットが普及した頃、閲覧ソフトでは『ネットスケープ』が圧倒的なシェアを持っていましたが、今は市場から消えています。巨人と言われたコンピューターメーカーのIBMも、今ではコンサルティング会社に変身しています。

その一方で、一般的な人たちは二〇歳過ぎから六〇歳まで四〇年間、さらに今後は五〇年以上働かなければなりません。つまり、同じ企業で働き続けられることは珍しい――ということができるでしょう。

だとしたら、他の会社でも雇われる能力を養っておかなければならないということです。自社独自の仕事の進め方やルールに最適化するだけでは、あなたのスキルは「ガラパゴス化」してしまうということなのです。

では、質問です。

・あなたは他社でも雇われる自信はありますか?
・求人情報誌であなたのような経歴、能力が求められていますか?
・この分野のエキスパートであると言える専門的なスキルを持っていますか?
・プロジェクトなどに参画し、それをやり遂げたという実績がありますか?

どの程度「YES」と答えられたでしょうか。

これからは会社を超えても必要とされるような実績や能力を開発していかなければならないことでしょう。

転職を勧めているわけではありませんが、それだけのスキルが身に付いていれば、仕事においてもプライベートにおいても、これからますます不確実かつ不安定な社会になっていく中で、より多くの選択肢と自由を持つことができます。

一人の大人として、自立した生き方ができるようになるのです。

●やりたい仕事を続けるための「エンプロイアビリティ」

そして、三つ目は、会社に所属しなくとも腕一本で食べていけるスキル、「やりたい仕事を続けるためのエンプロイアビリティ」です。

プロフェッショナルとして独立する、あるいは、会社経営をする力です。この場合、顧客（市場）から直接必要とされる存在であり続けなければならないわけですから、究極のエンプロイアビリティと言えるでしょう。

私自身は三三歳で独立しましたが、それまでは会社からいただいていたお給料、つまり生活するお金を、自分でどこからか稼いでこなければならなくなりました。それには私自身の能力がどこかの会社に必要とされなければならないのです。

これからは、それぞれの価値観やライフステージに合わせて、多様な働き方を選択する時代になります。女性のための制度も整い、活躍できる環境も整っていく中で、退職していた女性の社会復帰や人材の流動化も進むでしょう。

政府が言うまでもなく、女性活躍推進は企業の成長にとって欠かせない課題となっています。女性の役員や管理職を社外から採用していく動きも出始めています。自分が培ってきた能力を存分に発揮できる時代も、もうすぐやって来るはずです。

そのときに向けてなるべく広い視野を持って力を蓄えておくことが必要なのです。

その蓄えたものが多ければ多いほど自分のやりたいことができ、働きたいときに働きたいスタイルで食べていくことができるのです。つまり、より高次なエンプロイアビリティ（必要とされる力）を身に付けておくことが重要なのです。

あなたのスキルは将来も通用しますか？

●今のうちに自分をバージョンアップする

エンプロイアビリティを身に付けることの必要性について、人のライフサイクルを使って考えてみましょう。

図は、縦軸が年齢、横軸が社会とのかかわりを示しています。上に行くほど年齢が上がり、右に行くほど「社会への還元」が求められるようになります。

さて、注目していただきたいのは「四〇歳」です。

人生を大きく二つに分けると、現代は四〇歳あたりが「人生半ばの過渡期」と言っていいでしょう。人生五〇年と言われた時代がありますが、その頃なら、二五歳あたりがそうだったかもしれません。

四〇歳前後といえば、就職して二〇年ぐらいです。定年退職まで働くとした場合、会社員としてもちょうどマラソンの折り返し地点です（今ではもう少し先の方が長くなりつつあります）。

さて、あなたはこれまで、この社会から有形無形のさまざまなものを受け取ってきました。例えば、家庭や学校、地域社会、企業などから「教育」を受けて、生きていくための知識とスキルを身に付けてきました。

その知識とスキルを自分の資源として、今の年齢までやってきたわけです。

では、その知識とスキルは、今後も通用するものでしょうか?

変化の激しい不確実な時代をあと数十年生きていくために、必要十分なものと言えるでしょうか? なかなか難しいことでしょう。

慣れたツール、慣れた知識、慣れたやり方、慣れた価値観などをいつまでも手放すことができないでいると、変化に対応できなくなって大

◆人のライフサイクル

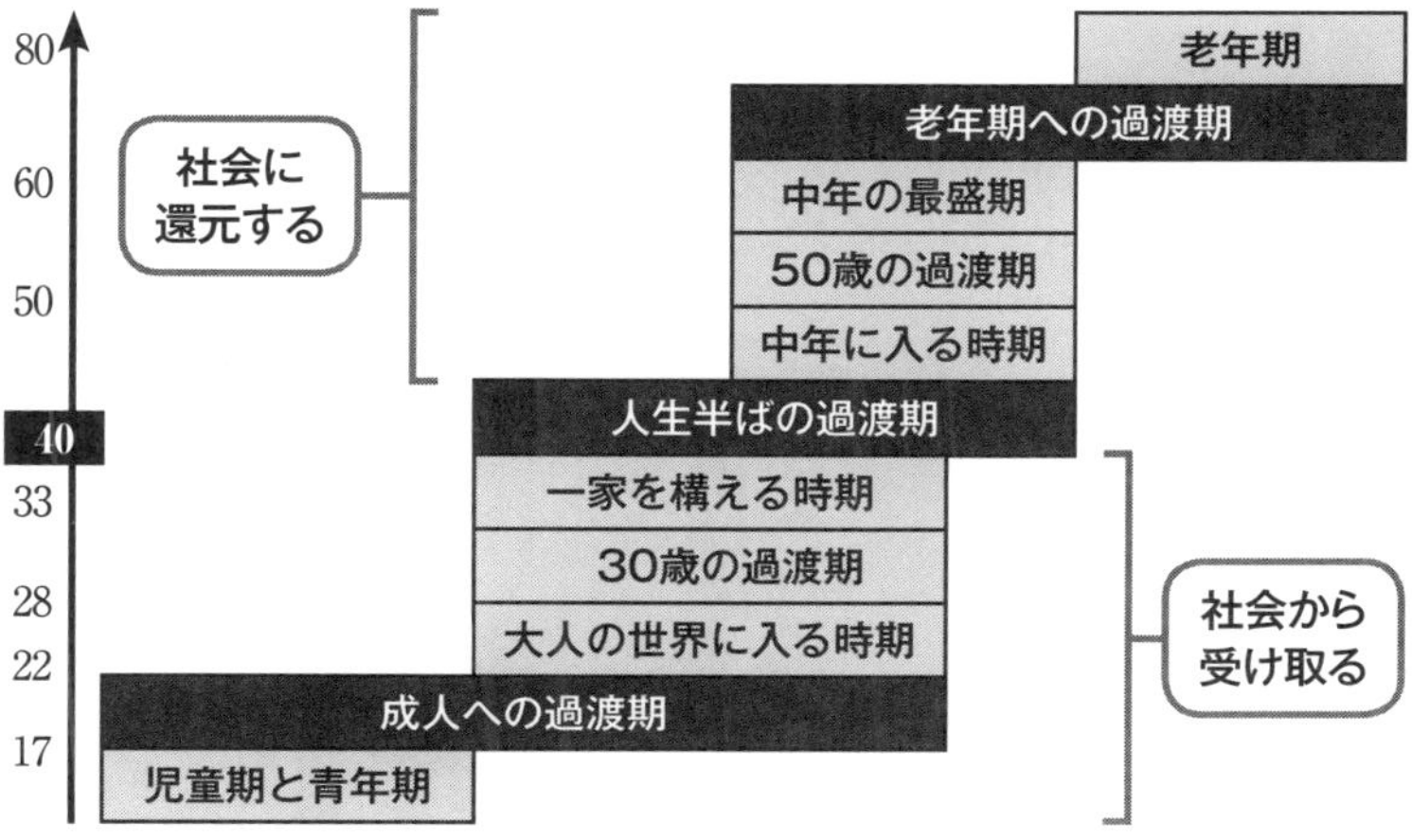

変な苦労をすることになります。

ある日、外資系企業に買収されて社内公用語が英語になった、とか、リストラを行ったので今までの仕事は無くなって営業に出るようになった——など、いきなり環境が変わることもそう珍しい話ではありません。あなたは、そのときにすぐに対応できる幅広いスキルを持っているでしょうか。

二〇年前に就職した人々にとって、自分たちが就職した頃とは、社会を生きていくための知識やスキルが激変していることが理解できます。

人はいくつになっても学び続けなければいけないのですが、特に、三〇代から四〇歳前後までの人たちは、人生の過渡期を迎える前にキャリアを見直し、そのために必要なスキルをもう一度きちんと身に付けておく必要がありそうですね。

そのうえで、あなたは四〇歳以降も何を持って社会に還元できるのでしょうか。一度はじっくり考えてみてはいかがでしょう。

・あなたが将来のために身に付けたいと考えている（すでに勉強を始めている）スキルは何ですか？

・これからも必要とされるあなたのスキルは？

か。

●三三歳で独立した私があなたにお伝えしたいこと

三〇年後あなたはいくつになっていますか？　そのときどんなことをしているのでしょうか。

私は約三〇年前に独立しました。正直に言えば何も考えずに独立してしまったという方が正しいでしょう。ですから「キャリアプランを持ちなさい」とは言えない立場でもあります。まして独立した身ですから、企業の中で働く人たちに「こうすればうまくいく」などとはとても言えない立場です。

さらに、ますます将来が読めない時代になってきています。そんな時代に明確なキャリアプランを持ったとしてもそれが通用するかは別問題です。ですから今ここでお伝えできるのは「今目の前のことを面白がり、精一杯おやりなさい。仕事でも私生活でも、それらすべてが活きてくる」ということです。

ここで私の三〇年間を振り返ってみますので、皆様もこれからの三〇年を想像してください。

私は学生時代はサークル活動に熱中していました。ですから明確なキャリアプランを持っていたわけではありません。正直なところ、世の中のこと会社のことを知らないこの時期に明確なキャリアプランを持つことはできないのではないかと思います。

私自身がキャリアを意識し出したのは三〇代の初めです。そして三三歳で独立しました。それまでは企業に対して社員教育のプログラムを提供する会社に勤めていました。なぜ独立にいたったかというと、当時私は営業で人事部門の方にお会いする機会がありました。その時お客様が人材育成についてのさまざまな課題をお話しくださったのですが、その課題に対して自社が提供しているプログラムだけでは対応できないということに気づき、何とか目の前の人の役に立ちたいと思うようになったのです。

たまたま仕事の関係で知り合った著名な先生方を企業にご紹介するようになり、そのような機会が増えるにしたがって、先生方の営業をする会社をつくって独立してみようかと思い至ったのです。

その頃は女性が独立することはおろか仕事を続けることすら、あまり歓迎されない時代でした。

また周囲から見ても危なっかしかったのかもしれません、大変心配されたことを覚えています。心配した当時のお客様であった企業の人事担当者五人の方々が、呼びかけ人となって独立祝賀パーティを開いてくれたほどです。このとき五〇名以上の方が駆けつけてくださいましたが、そのときまで何気なく言っていた「ありがとう」という言葉は「有難い」ときに言う言葉なんだなあ——と、しみじみと感じたものです。

それまで偉そうなことを言い、文句を言っていた私ですが、会社や社会、家族に守られてその中で勝手なことをやっていた自分がいたことに気づきました。ひとり社会に飛び出してみるととても小さな自分、人に支えられなければ生きてはいけない自分という存在を実感したのです。そこから、自分自身の足で小さな一歩を踏み出したのでした。

●経理と総務をしていた私がなぜ起業するに至ったか

私が勤めていた会社についてもう少し詳しくご説明すると、そこでは企業人を対象に心理学をベースとした教育プログラムを提供していました。自己理解を深めるための方法に「交流分析」というものがあり、その考え方を使ってモチベーションの向上や自己変革のためのワークショップなどを提供していたのです。

私は経理と総務の仕事をしていましたが、心理学などを学んでみるとこれが実に面白く、自分や他者への興味がどんどん湧いてきました。そのため、土日には毎週のように「心理ワークショップ」といわれる体験的な自己発見プログラムに積極的に参加するようになっていました。

ちょうどその頃に営業への配置転換があり、顧客の新規開拓を担当することになりました。

このとき、「会社四季報」の一頁目の会社から順次アポイントを取って訪問していくという経験をしました。これといった営業教育は受けていなかったので、ただ自分ができることと、会社ができることを伝え、お客様の関心事を聞いてくるという日々が続きました。ふりかえってみると、これが独立後にとても役立っています。

三〇年以上も前のことですから、企業の人事部に女性の営業担当者が訪問することなどほとんどない時代です。最初は苦労しましたが、珍しさもあってか、徐々に仕事をいただけるようになりました。コミュニケーション理論や心理学を勉強していたことで、自分自身の態度や心理を分析しながら営業活動ができたのが幸いしました。

そして、女性であるためか、カウンセリングを学んでいたためかはわかりませんが、営業を二年ほど続けると、お客様が困り事を話してくださることが多くなりました。そんな関係ができてくると、自社の持っているプログラムだけではお客様のニーズに対応できないことが多くなります。

たまたま私の勤めていた会社は交流分析では結構有名な会社だったために、公開の講座には、他の専門分野でコンサルタントや講師として活躍している先生方も参加されていました。そこで、その先生方の持っているプログラムをお客様に提供するというサービスを始めることを会社に提案し、それをさせてもらいました。

そうした営業活動をしているうちに、現在あるサービスを売るのではなく、お客様が欲しているものを企画し、講師を見つけてくることにやりがいを感じるようになっていったのです。

しかし、そのような勝手な動きは必ずしも経営者の意向と一致するとは限りません。私の場合もそうでした。自分のやりたいようにやりたいと思ったとき、もう独立するしかないと思いました。

もう一つ。独立のきっかけとなったことがあります。

自社で提供していた研修を受けると、参加者は新しい自分を発見し、新たなことに挑戦しようという意欲を持って帰られますが、その気持ちも毎日の仕事や組織風土に押し戻されてせいぜい一ヶ月程度しか持たないことです。「それでいいのだろうか」という疑問がありました。

個人がやる気を持ったとしても、組織そのものが新しいチャレンジをしていなければ、やがて個人のチャレンジ精神は消えてしまうのではないだろうか？　ならば、組織が新しいことに挑戦し続けていかなければならないのではないだろうか？

そんな思いを持ちながら独立して間もなくのこと。起業家精神について研究しているコンサルタントと出会い、「社内起業研究会」という新事業や社内ベンチャーに関する研究会を立ち上げることになったのです。

この方は後に大学の教授になり、起業論やベンチャー論で指導する傍ら、大学のインキュベーションセンターを立ち上げ、ベンチャー創出の活動を行ってこられました。私は今でも、この先生と共に新事業のコンサルティングを行っています。

さて独立したとはいえ、私にはこれといった仕事もなく、結果的に収入もありませんでした。人材派遣会社に登録し、アルバイトをしたり、海外から来た心理セラピストのコーディネートをしたりしながら何とか食いつないできました。

その頃は「私を必要としてくれる人がいたら、可能な限りそれに応えていこう」と決めていました。そのとき出会ったのが、株式会社クオレ・シー・キューブを共に創った女性でした。「働く女性の支援をしたい」というのが彼女の熱い思いで、それをビジネスにしようと相談にやってきたのです。

それから何度か議論を重ね、「働く女性を支援するビジネスを立ち上げ、人材を育成する」ことをやっていこうということになり、ベビーシッター養成講座や預ける育児というテーマでのシンポジウムの企画、働く女性のための子育て相談、また、介護相談や調査など社会で活躍する女性へのサービス事業の立ち上げ支援などの活動を行ってきました。

しかし、二七年前のことですから、女性活躍支援の活動がビジネスにはならない時代でした。女性社員が働きやすいように支援するよりも、ばりばり仕事一本でやっていく男性が大事。男性しか人材とはみなされなかった時代です。女性の悩みを聞きながら、私はそんな社会や人々の働き方に疑問を抱いていました。

そして「苦しいのは女性だけでなく、もしかしたら男性も苦しいのではないか」「ハラスメントを受けているのではないか」と思うようになり、その実態を調べてみました。そのときに「パワーハラスメント」という言葉が生まれたのです。それ以降パワーハラスメントという言葉が普及し、社会的にも徐々に問題意識も高まってきました。パワーハラスメント対策では先駆的な動きをしておりましたので、お客様からもさまざまな課題をいただき、必死でそれに応えることで、今の会社が存在することができたのでしょう。

●今できることの延長上に「やりたいこと」はある

さて、ここまで個人的な体験を話してきましたが、「今できること、そして、その延長上で何を得たいのかを考えることで道は開ける」ということを改めて感じます。

よく「やりたいことが見つからない」と悩んでいる人がいますが、やりたいことは遠く離れたとんでもないところにあるのではなく、身近なことの延長上にあるのだと思います(今の仕事とかけ離れて明確にやりたいことを持っている人もいますが、それはそれまでの人生で心に強く響く体験があったり、強く誰かに影響されたのではないでしょうか。心に近いものという意味では身近なことなのかもしれません)。

だからといって漫然と生きていたのでは何も見つかりません。やりたい仕事というのは、とりあえず今の仕事に真剣に向き合い、面白がり、没頭しているときに、ひょいっと顔を出すものなのではないでしょうか。

それは充実感と共にあるかもしれないし、賞賛の喜びの中かもしれないし、できないことの悔しさと共にあるかもしれません。いずれにしても自分自身の感情に目を向ければ何かが湧き上がってくるはずです。

・あなたの好きなもの、好きなことは何ですか？　いくつでも挙げてください。（趣味、スポーツ、絵画、言葉などなんでも）

・それはどうして好きなのでしょうか。（清々しいから、安定しているから、バラエティに富んでいるからなど）

・それはあなたが仕事をしていて楽しいと思うことと何か関連性はありますか？

あなたは生涯あと何回海外旅行に行けますか？

●人生の残り時間は意外と少ない

社会に出て二〇年もたってくるといろいろなことができるようになり、視界も少し開けてきます。

そうすると、やるべきことや、やりたいことも増えてくることでしょう。責任も重くなってきます。「いろいろなことをやってみたい。やらなければ……」と思っても、残念なことに人生も後半になってくると時間がありません。

このことに早く気がついて自分自身の人生を生きなければ、後はあっという間に過ぎてしまいます。

四〇歳くらいまでは成長していく自分があり、やりたいことをできる体力がある自分が普通に感じられますが、だんだんと体が思うように動かなくなり、体力の回復は遅くなります。また覚える力、新しいことを体得する力は衰えていきます。

ですから、本当に自分がやりたいことを選ぶ、やらなくてもいいことをやらずに済むような工夫が必要になってきます。人の為に尽くしてばかりでは自分の人生を生きることはできません。

後になって「子供のために〇〇ができなかった」とか「会社のために生きてきた」と言っても、「だから?」とそっけなく言われてしまうことでしょう。また、「あなたのために我慢してきた……」という気持ちが、相手には重荷になってしまう可能性だってあります。

自分が自分のために後悔しない生き方をするのが、人生の後半戦です。いつかできると思っていることでも、よく考えてみると時間は本当にないものです。

例えば、海外旅行で考えてみましょう。

私は余裕ができたら世界中のあちこちに行きたいと思っていますが、いつか時間ができたらと思いつつ、仕事や日常の雑務に忙殺されて、気がついたら六〇歳になってしまいました。あと何年元気で歩き回れるのだろうか、あと何回行けるのだろうかと思ってしまいます。

今の時代であっても、プライベートな海外旅行はそう頻繁に行けるものではありません。年に一回も行ければ幸運な方でしょう。私は今、六一歳ですが、元気で楽しめるのはあと一〇回程度ではないかと思います。そう考えると「いつか、暇になったら」なんて言っていられません。

それればかりではなく、仮にあと二〇年生きるとして、それを日数にすると七三〇〇日です。そうたくさんはありません。それも二〇年生きるとして、です。人によって違いはありますが、一般的に六〇歳を過ぎると「いつ死んでもおかしくない」ともいえます。「あれができなくて悔しかった」と言わずに往生できるようにしたいものですね。

そう考えると、自分がこの人生で何を得たいのか？　あとどのくらいの時間があるのか？を今一度じっくり考える必要がありそうです。

だまされたと思って、ここで一度、次の質問に答えて、ご自分の年齢で計算してみてください。まだ若い人であっても考え方が変わるはずです。

- **あなたは何歳まで生きますか？**
- **残された年数は？**
- **残された日にちは（年数×三六五日）？**
- **あなたが好きなことは何ですか？**
- **それはあと何回くらいできますか？**
- **他にやりたいことはありますか？**

・それはあと何回くらいできますか？
・あなたの愛する人、大切な人は誰ですか？
・その人と共に生きる時間はどれくらいありますか？
・その人とあと何回食事ができますか？

●キャリア・ビジョンは「旅行の計画」と考えるとわかりやすい

キャリア・ビジョンを先ほどの海外旅行にたとえてみましょう。限られた時間の中で、闇雲にどこへでも行くというわけにはいきません。自然が好きな人、文化芸術が好きな人、ショッピングが好きな人――。それぞれに自分の気持ちが動く、感動するイメージを持っています。

キャリア・ビジョンをイメージするのも、行きたいところをイメージするのと同じようなものです。そこに立ったときの自分の感覚、自分の気持ち、周囲の景色、人々をイメージしてみるのです。

旅行では、ふつう、仕事との調整で日程を決め、予算を決め、目的地を決め、現地での楽しみ方を決め、交通手段などを決めますよね。ハワイに行きたければハワイ用の、南極に行きたければ南極用の計画と準備をします。

また、「どうしても見ておきたい場所が世界中にたくさんある」という人は、そのために計画的にお金の工面や仕事の調整をして、その目標をどんどん実現しようとするはずです。

人生のビジョンについても、旅行準備のようなレベルで具体的にイメージしたときに、実現したい欲求が高まってくるでしょう。そして実現には困難も伴うことがわかってきます。それを克服するためにはどうすればよいか？　というアイデアが育ち、背中を押されるように一歩行動に踏み出すことができます。

◆キャリアを考える　旅行にたとえると

行きたい場所のイメージ	美しい自然の中で 自分の体を動かし、 そう快感や達成感を味わいたい	キャリアビジョン
行きたい場所の特定	100名山を登る	キャリアゴール
行くための計画	どこから登るか いつ、誰と、いくらでという スケジュールを立てる	キャリアプラン
行くための準備	体力をつける 休暇をとれるように 仕事の段取りを組む	準備

○○になって何をしたいのですか？

ところで、キャリア・ビジョンをイメージする際に、勘違いしてはいけない大事なことがあります。

それは、「単なる地位や職業や数字を自分の目標としない」ということです。

●単なる地位や職業や数字を自分の目標としない

- **あなたは何のためにその立場（仕事・職業）になりたいのですか？**
- **そうなってから自分は何をしたいのですか？**
- **自分はどうありたいのですか？**

こういったことを明確にしていくのが本当のビジョンです。

わかりやすい例を出すと、プロスポーツ選手の中には、「プロになる」「○○というチームに入る」という目標が叶ったことで満足してしまい、高い素質を認められながらも活躍できずに終わる選手が多いそうです。

自分がどうなりたいかによって、その後の自分の行動が違ってくるのですから、〝そうなってからの明確なビジョン〟がない人は、キャリアの途中で行き詰ってしまうのも当然です。

逆に、自分がどんな環境にあろうと、自分が理想とするプレー（自分がどうなりたいか）に近づくための努力を欠かさない人もいます。

イチロー選手などはその典型でしょう。彼は、どのチームに入ろうが、どこの国でプレーしようが、それで満足したり、やる気がなくなったりすることはなく、ただ自分が理想とする野球を追求しています。

身近な例として「カウンセラー」のケースをお話ししましょう。

当社は電話相談を一つの事業としていますので、たくさんのカウンセラーの方に出会い、働いていただきました。カウンセラーという職業に就く方は、比較的このビジョンが明確な方が多いと思います。

一口に「カウンセラー」といってもいろいろな領域がありますが、「誰かの役に立ちたい」という思いは共通していると思います。例えば、「子育てをするお母さんの気持ちを軽くしてあげたい」、あるいは、「ハラスメントで苦しむ人の問題解決に役立ちたい」といったことです。

ですから、見方を変えれば、それはカウンセラーという形でなくてもいいのかもしれません。悩みを抱える人への予防的関わりとして、ハラスメント相談のカウンセラーとして入社した人が、ハラスメント防止の講師をすることも、大枠では自分のビジョンには沿っています。

むしろ、その方が自由に行動することができるし、社会の要請に合わせて柔軟に生きていくことができます。

とにかく「部長になりたい」とか「役員になりたい」という人もいますが、それはビジョンではなく、何かを実現するための手段にすぎません。そのことを忘れてしまったとき、役職にこだわり、メンツにこだわって無駄な軋轢を生んでしまうことがあります。

◆キャリアを考える

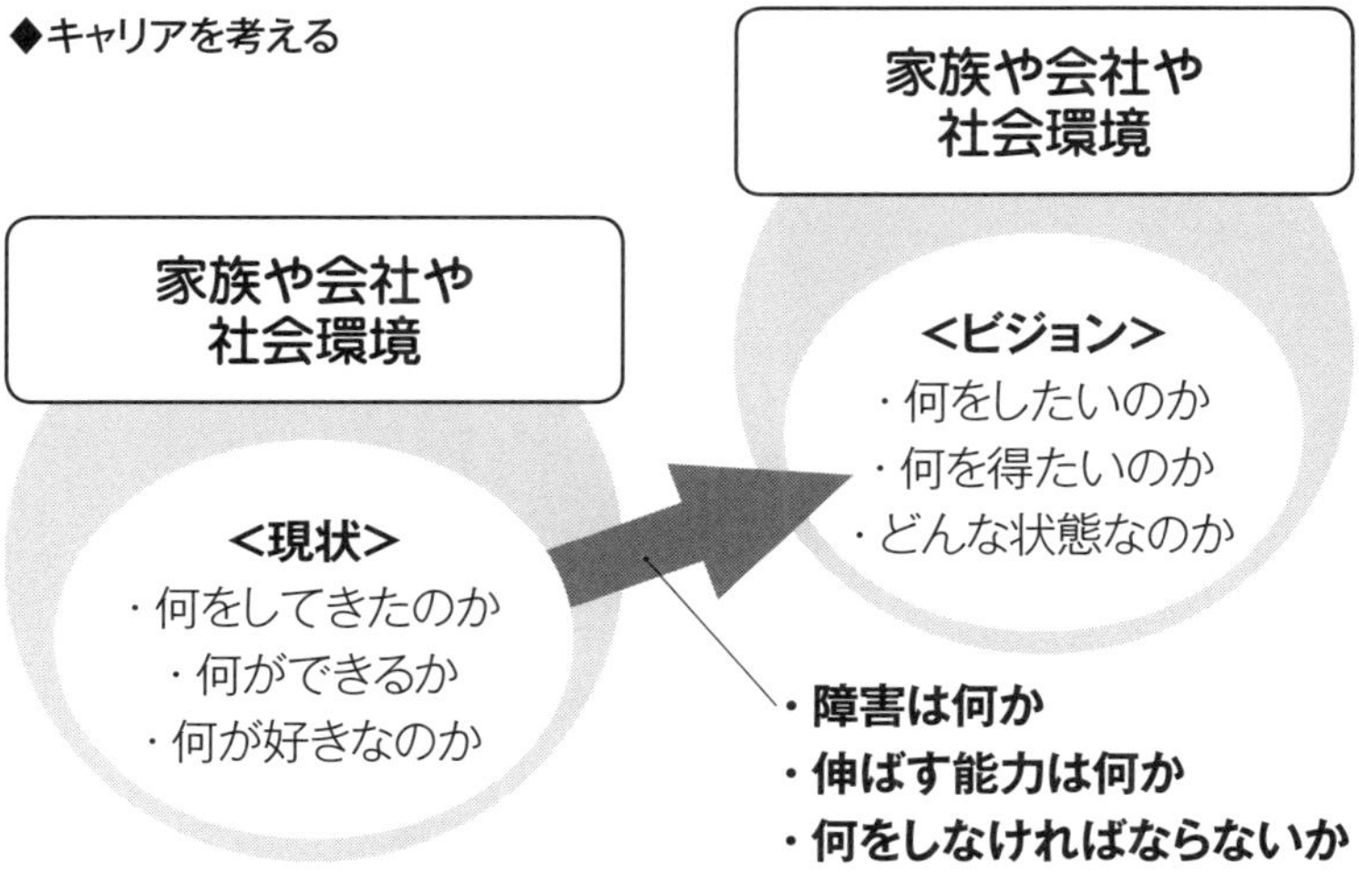

本来、役職とは〝何かを実行するために組織から与えられた仮のパワー〟に過ぎないことを忘れないようにしたいものです。

女性に「管理職にならないか？」と打診しても断る人が多いのも、男性は地位をインセンティブにすることができても、女性は地位だけに魅力を感じないからです。女性の場合は、こうした役職を得ること自体の意味をきちんと理解しないと、管理職にはなりたがらないのではないかと思います。

〈第二章〉

キャリアは広義で考える

「成功とは、自分の理想を実現することです」

アンナ・パブロワ

（『時代を切り開いた世界の10人⑧』学研より）

人生の選択であなたが大切にしたいことは何ですか？

●「広義のキャリア」を豊かにする

ここまで「どうなりたいか？」「何をしたいか？」について考えてきましたが、改めて「キャリア」について定義しておきましょう。

そもそも、あなたは「キャリア」と聞いてどんなイメージを持ちますか？

世間でよく使われている「輝かしいキャリア」とか「キャリア官僚」といった言葉から連想されるのは、職歴や会社などでのポジション、つまり、これまでどの会社でどんな仕事（成功）をしてきたか、といったことです。

これらは「職業・仕事」を中心とした《狭義の

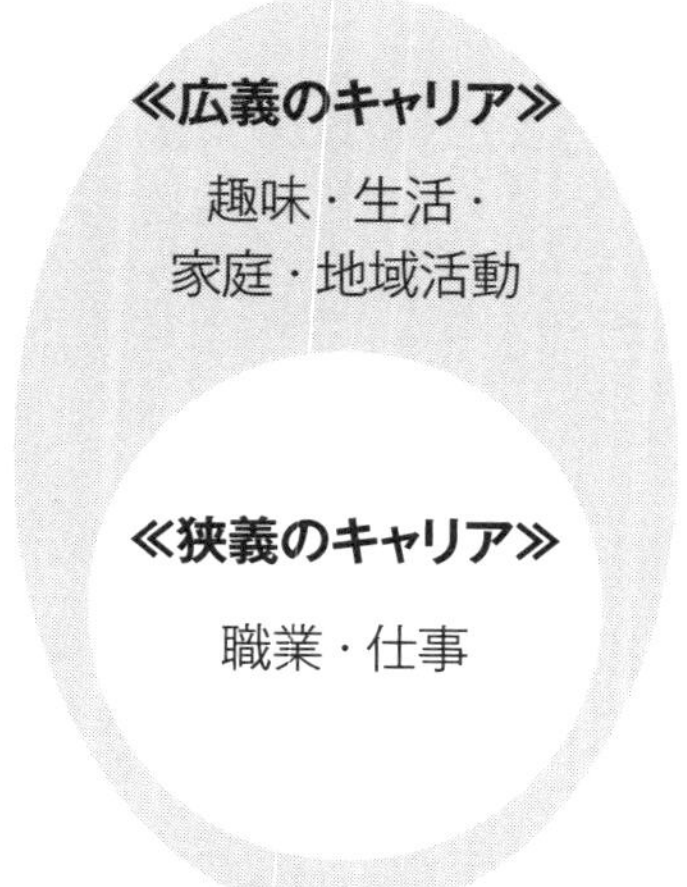

◆キャリア（Career）とは

・「経験、履歴、生涯の職業、成功、出世」

・「個人の生涯を通じて、仕事に関する経験や活動に関連した、知覚された態度や行動の連鎖」　D.T. ホール

・「自己実現に向けられた生涯を通しての職業、仕事」　横山哲夫

キャリア》の話です。

その反対に、「趣味・生活・家庭・地域活動」といったことも含んでいるのが《広義のキャリア》です。

例えば、「キャリアカウンセリング」を行うにも、仕事のことだけではなく、ライフスタイルや自分の価値観なども含めて人生をつくっていく——ということを考えないと成り立ちません。

これからの高齢社会では、仕事をしている以外の期間も長くなります。また、働き方も多様化していくことでしょう。つまり、狭義のキャリアだけ考えても、それは一部に過ぎないということです。広義のキャリアを考え、その中でどう働くのかという狭義のキャリアを考えていくといいでしょう。

私生活が充実し、自分の個性を活かすことは、仕事においても良い影響があります。

●制約は〝キャリアを考えるチャンス〟

これまで男性の多くは、就職の際に一度キャリアを考えたら、その後のキャリアについてあまり深く考えずに済みました。結婚によって大きなキャリアの変更はありませんし、子育てとの両立で悩むこともほとんどありません。かつては、会社中心のキャリア観で定年まで走るのが普通のことでした。

だから、中高年になってリストラされたり、会社が潰れたりすると、「そんな事態は考えたこともなかった……」と茫然となる人が多くいます。また、定年退職後は地元に親しい仲間（コミュニティ）も持っておらず、一気にガクッとなって「暇ですることがない」という事態になりやすいのです。

しかし、女性は、もっとタフです。そもそも女性にとっては、仕事も私生活も両方合わせて考えるのが当たり前です。

昔は、進学するのも大きな決断でした。向学心のある女性は、「上の学校に行かせてください」と真剣に親を説得する必要がありました。

花嫁修業をせずに就職することも、就職したらずっと働き続けることも、当たり前のことではありませんでした。つい、三〇年ぐらい前まではそうだったのです。

現在でも女性は男性と比べると、働くうえで多くの制約があるのが現実です。

例えば、結婚、出産、夫の転勤、離婚、親の介護といった人生の転機において、女性が自分自身のキャリアを根本から考え直さざるを得ないのは、今でも変わらないことでしょう。

家事や育児、地域での付き合いなどをこなしながら働くのは、本当に大変です。

しかし、逆の見方をすると、それは自分自身でキャリアを考えるチャンスがあるということでもあります。

自分の置かれた環境を変えていくのは、口で言うほど簡単ではありませんが、その行動は仕事だけではなく、さまざまな体験が自分を豊かにし、「精神的、経済的に自立した存在」「人生の決定権を持った人」にしてくれることでしょう。

そうした体験をしながらも働き続けられる社会が必ずやってくるはずです。

・あなたにはこれまでどんな制約がありましたか？

・その制約に対してどう対応してきましたか？

・これまでの選択に満足していますか？

●人生を楽しんでいる人は魅力がある

よく女性が昇進、昇格を拒むのは、「女性の先輩のロールモデルがないから」だと言われていますが、本当にそうでしょうか?

良きロールモデルがないのは、実は男性も同じなのではないでしょうか。

仕事ばかりで家族や友人との関係もおろそかにして、趣味もなく、オシャレもせず、いつも疲れ切った様子の男性上司――。

そんな人は、女性から見てとても魅力的とは思えませんし、自分がそんなふうにはなりたくないというのが本音ではないでしょうか。きっと若い男性だってそう思っているに違いありません。

責任が重くなり、拘束時間が増え、その割にはお給料がものすごく上がるわけでもない……。こんな上司の姿を見ていると「管理職にはなりたくない」と思う女性がいても不思議ではありません。

つまり、生き生きと働き、出世している女性のロールモデルがないのではなく、出世した男性の中に、仕事も生活も充実したキャリアを実現している人がほとんどいないということなのではないでしょうか。

これからの時代、仕事や会社のことしか知らないリーダーには、価値観の違う若い部下たちはついてきません。

その逆に、仕事とプライベートのメリハリをきちんとつけて、家族も大事にし、趣味もファッションも楽しみ、仕事でも結果を出している人なら、「カッコいい」「ああいうふうになりたい」と思われるでしょう。

私は、女性の管理職を増やすためには、〝仕事も私生活も楽しむ管理職〟が増えることが早道だと思うのです。

また、「残業をするのは当たり前」「長い時間働いている人を評価する」「努力が肝心」と考えている上司が自分の働き方を変えれば、女性も働きやすくなりますし、管理職になってみようという気持ちにもなることでしょう。

ですから、まずは「男性たちよ、もっと自分の人生を楽しみなさい」と声を大にして言いたいと思います。

- **あなたの趣味は何ですか?**
- **大切な人と過ごすための時間はどうやってつくっていますか?**
- **地域社会とはどのようにかかわっていますか?**

●「仕事一〇〇％」の価値観は結局自分の首を絞める

仕事の他にやりたいことがあれば、早く会社を出る段取りを組むことでしょう。家族と一緒に過ごす時間を増やしたいと思えば休暇も取ることでしょう。他にやることがあれば会社にばかりはいられないはずです。

逆に、「一〇〇％仕事にコミットしている自分」をイメージしている人は、育児時短をとっている女性の働き方を受け入れがたいことでしょう。

いや、それよりも「女性だから育児で仕事ができないのは当たり前」と考えていることの方が問題かもしれません。育児は女性だけがするものという考え自体が、女性の活躍を阻害しているからです。

「女性は育児があるから大変だね」と思っている男性の皆さんは、男性にもライフイベントがあることを忘れているのではないでしょうか。

これからやってくる大きな仕事、それは介護です。

育児は夫婦で一人か二人の子供、そして三歳まで、あるいは六歳までと成長に合わせて自分がどう関わるか予測できます。また、成長するにつれて親の手を離れ、仕事にかけられる時間も増えていきます。しかし、介護はどうでしょうか。基本的に夫婦二人で双方の両親合わせて四人、あるいは親ばかりでなくその親や兄弟と、それ以上になる可能性もあります。そういう時代はすぐそこまで来ているのです。

そのときに、「一〇〇%仕事にコミットしている自分」しか認められない人は、私生活のことで仕事の手を抜く自分自身を許せないということになりかねません。両方とも完璧にやろうとして自分自身の体を壊したり、あるいはそんな自分を許せずに仕事を辞めざるを得ないことになるのです。

介護ばかりではありません。自分自身の体も五〇歳を過ぎると、いろいろな病気が出てきます。早期の内にきちんと休んでケアすれば回復できるのに、無理をしてしまう人がいます。

私も五四歳のとき、病を得て、半年は完全に休み、その後一年くらいはのんびりと仕事をさせていただきました。育児をする女性だけが一〇〇%仕事にコミットできない時期があるのではないのです。誰にでも「やりたくてもできない」、そんなときが来る可能性があることを想定しておきましょう。

実は、私が仕事を長期に休んだときの世間の反応には面白いものがありました。「そんなに休めるのは社長だからだよね」と言う人がいました。その人は自分が病気になったとき「会社員だからわがままは言えない」と言って夏休みにそっと手術をして、何ごともなかったかのように働き続けました。

しかし、逆に、ある社長はガンになっても「社長だから会社を離れられない」と言って働きづつけ、結局、命を落とされました。いったい社長と社員どっちが休みやすいのでしょうか。最終的には自分次第、どんな環境であれすべては自分が選んでやっていることなのではないかと思います。

本当の意味での時短勤務の必要性を理解できるのは、いつか自分が経験するかもしれない介護や病気治療のための時間が必要となったとき、自分に対して六〇%の仕事の仕方を認められる人ではないでしょうか。「育児中の女性には仕事の配慮をしてあげている」という上から目線の意識を持っている限り、自分自身が時短勤務をしなければならなくなったときにみじめな気持ちになってしまうことでしょう。

性別や年齢に関係なく必要なときに誰もが自分自身のための時間を取ることができる、そういう職場をつくっていくためには、これまで以上に女性が職場で対等に責任を担う立場にたち、活躍していくことが望まれます。

・体調管理をするためにもきちんと休みを取っていますか？
・自分の体をケアするためにやっていることは何ですか？

職場以外の場で学んだこと（気づき）は何ですか？

●私生活に向き合うと仕事の幅が広がる

広い意味でのキャリアの充実を図ることは、仕事面でもメリットがあります。

あなたの魅力を高めるだけではなく、あなたの視野と仕事の幅を広げてくれます。

例えば、

「会社以外に行く所はない……」

「仕事以外の友人はいない……」

「仕事以外に趣味はない……」

「食事は何でもいい……」

――と、こんな生活が続いていたら世の中の動きに鈍感になります。

逆に、「お金を払ってでもやりたいこと」や、「自分の好きなこと」に対しては評価も厳しくなります。感性が研ぎ澄まされていくのです。

日々の暮らしの中でさまざまなことに興味を向けていく好奇心や、複数のチャネルで人付き合いしていくことは、仕事で成果を出すためにも大切です。

その意味では、産休や育休を取ることも、非常に意味のあることです。一般的に、キャリア志向の女性にとっては不利と思われがちな期間ですが、本人も会社も、この経験をもっと前向きにとらえてみてはどうでしょうか。

女性に限らず、男性も育児をポジティブにとらえて参画してみることです。特に、商品開発やマーケティング部門にいる男性は、育休や育児時短を取ることを留学期間ととらえてみてはどうでしょうか。

一時期でも家庭に入って育児や家事を行い、その経験からレポートを提出してみたらいいと思います。管理部門の人であっても、働き方を考えたり、制度を考える上で貴重な経験になるでしょう。

広義のキャリアが豊かになると、生活者としての勘も磨かれていきます。

本当のニーズを最終ユーザーの立場で考えるきっかけになりますから、新規事業や新商品を考えるときにも、リアリティのある提案になるわけです。またさまざまな価値観を持つ人と接することで人間の幅も広がることでしょう。

・仕事以外にあなたの所属している団体は?
・趣味の会やボランティア団体、資格保有者の集まりなど、会社以外のネットワークはどのようなものがありますか?
・そこからは何が得られるのですか?(専門知識、やすらぎ、新しいことに触れる喜び等)

●仕事人間とハラスメント

広義でのキャリアを豊かにすべきことには、もう一つ大事な理由があります。

私は「パワーハラスメントの加害者」とされている人と接する機会が多いのですが、たいていの場合、彼らは自分や家族を犠牲にしてまで仕事に没頭し、頑張って働いている人なのです。なぜなら、仕事第一でやってきた人ほど、使命感は強く、高い目標を持っているので、部下に対しても必要以上に厳しいのです。彼らは部下のライフスタイルや価値観を受け入れず、自分のスタイルで過大な要求をしていきます。

できない部下は、「努力が足りない」。定時に帰る部下は、「やる気がない」。ミスをする部下は、「無能だ」。自分ができることは、「お前にもできるはずだ」——などと決めつける。だから、「俺が何とかしてやろう」と躍起になって指導してしまうのです。

仕事という狭義のキャリアしか考えていない人は、仕事に一〇〇%コミットしている自分が正しいと思っていますから、仕事で努力していない部下を非難し、パワハラをしてしまう傾向があるのです。

これからは女性管理職も増えてくることでしょう。しかし、今までの管理者と同じようなマネジメントスタイルをとろうとすれば、女性もまた同じように部下に対してパワハラをしてしまう可能性があります。いや、男性以上にきついハラスメントを行っているという報告もたくさんあります。

ある女性のケースです。

その女性は真面目できちんとしているため、営業部門で総務の仕事を任されていました。自分自身のキャリアアップのためと思い、休日や夜間、仕事の合間を縫って経理の学校に通い、それ以外もさまざまな資格を取得してきたのです。その成果もあって、彼女は課長に抜擢されました。彼女はそれに応えようと、任された仕事は責任を持ってこなし、部下の指導も熱心に行いました。自分では上手くいっているつもりでした。

しかし、あるとき、部下たちから「厳しすぎる」「パワハラではないのか」と糾弾されてしまったのでした。

彼女は周囲からの期待を受けて本当に頑張ってきました。プレッシャーに負けないように、部下から馬鹿にされないように肩ひじ張って頑張っていたのです。

「自分は頑張ってきた。だからこれ位は普通だ」

「できない部下は自分が何とか育てなければいけない」

と、自分でも気づかぬうちに厳しすぎる指導を続けていたのです。

まだまだ女性管理職は注目される存在です。必要以上に力んでいないか、自分自身を犠牲にしてまで頑張っていないかどうか。ちょっと振り返ってみることも大事です。

逆に、他人に対してパワハラをしない場合はその矛先を自分に向け、自分がストレスで倒れてしまうこともあります。

自分を振り返ってみましょう。

・**あなたが「～べき」、あるいは、「～べきではない」と思っていることはどんなことですか？（例えば「常に努力すべき」「口応えすべきではない」等）**
・**あなたが他者の言動にイラッとするときはどんなときですか？**

長い人生、頑張ってばかりでは長続きしません。少し深呼吸をして周りを見回してみる。今は仕事を頑張っているけれど、頑張らないときもあっていい。

仕事が第一のときもあるけれど、プライベートを第一に考えるときもある。どっちの自分もOK、どっちの自分も素敵だと思えるようになれたらいいですね。そういう風に多様な自分を受け入れられる人は、他の人の多様性を認めることができるのではないでしょうか。

「インナー(内なる)ダイバーシティ」こそが、大事なのです。

●ワーキングマザーは大変。だからこそ……

《三歳頃までは、母親が自分の手元で触れ合って育てないと将来に悪影響がある》という「三歳児神話」に多くの女性が悩まされます。

ワーキングマザーの周囲はもちろん、本人もそれを信じて子供を預けてバリバリ働くことに関して葛藤しているケースが多いのですが、これは研究者の間でも賛否両論があり、近年はむしろ否定する見解が主流です。

厚生労働省も、三歳児神話についての合理的な根拠はないとの見解を示しています。

逆に、これは仕事を辞めて子育てに一生懸命取り組んでいるお母さんの話ですが、「泣く子を目の前にして、どうしたら泣き止むかという相談をSNS（ソーシャル・ネットワーキング・サービス）で必死にしていた」のです。

私は、その姿を想像すると切なくなります。何事にも「正解」があると思いこみ、完璧な母親を目指しているのでしょう。そういう関わり方では、たとえ仕事をせずに子供と過ごしてもあまりいい影響はないでしょう。

要は、母親が働いているかどうかではなく、子供とどう付き合っているかの方が重要だということではないでしょうか。

子育て中はしっかり休むやり方もあるし、親やベビーシッターさんに助けてもらいながらペースを落とさずに働くやり方もある。それは人それぞれだと思います。そしてそれぞれのやり方が受け入れられる職場づくりが必要なのです。

でも、そのような職場づくりの前に、どの道を選んだとしても自分が納得していることが一番大事です。仕事をしたいと思いながら、「子供のために自分は犠牲になっている」と思っていたら、いい影響は与えないし、仕事をしながらも子供に後ろめたい思いをしていたら、それは子供にも伝わってしまうことでしょう。

例えば、「自分は会社で他の人では代わることのできないほど大事な仕事をしているんだ！」という自信があれば、家族に対しても「協力して！」と胸を張って頼めますし、家族の見方（応援）も変わってくるケースも多いでしょう。

逆に、「自分の仕事なんて大したことない」と思っていたのでは、子供にも家族にも引け目を感じて協力を仰ぐことができません。

会社としても自信を持って仕事に取り組み、会社に貢献している社員には、何らかの配慮や支援を考えてくれる可能性があります。今後はその流れが加速していくはずです。

要するに、育児も仕事も「どっちもＯＫ」だと自分が本当に信じていることが一番だと思うのです。ただ育児は数年間のことですが、働く期間はもっと長いので、そのスパンで考えて、エンプロイアビリティを高めておくことが大事ですね。

とはいえ、母親（ワーキングマザー）は本当に大変です。

会社に来て、仕事を短時間で終わらせて、上司や同僚に気を遣って、保育園へ送り迎えをして、食事の支度もして……。「会社の中で生き残っていくにはこのままではいけない！」と思って勉強をしようと思うけれど、そんな時間はとれず、疲れてコトンと寝てしまう……。

「それでもいいんだよ」

「ここにいるだけでいいんだよ」

頑張っているお母さん。こんな言葉をご自分にかけてみてください。

・自分で自分をほめるとしたら、具体的にどんなことをほめますか?

・「ありがとう」と感謝の言葉を伝えるとしたら、誰にどのような感謝の気持ちを伝えたいですか?

〈第三章〉

自分を知る、会社を知る

**「私は幸運でした。
チャンスは頻繁には訪れない。
だから、チャンスが訪れたら
逃さずつかみとりなさい」**

オードリー・ヘップバーン

あなたはどんな人ですか？　何ができますか？

●したいこと、するべきこと、できること

最近、当社の相談窓口には「上司は私がやりたいことをやらせてくれない。それはハラスメントではないだろうか」と言う電話が時々入ります。

「会社でこういうことがやりたい！」と夢を大きく持つのは大事ですが、「こういうことだけをやりたい！　それ以外はできません。私の仕事ではありません」などと主張するのは社会人としてどうでしょうか。

図をご覧ください。

◆キャリアを考える

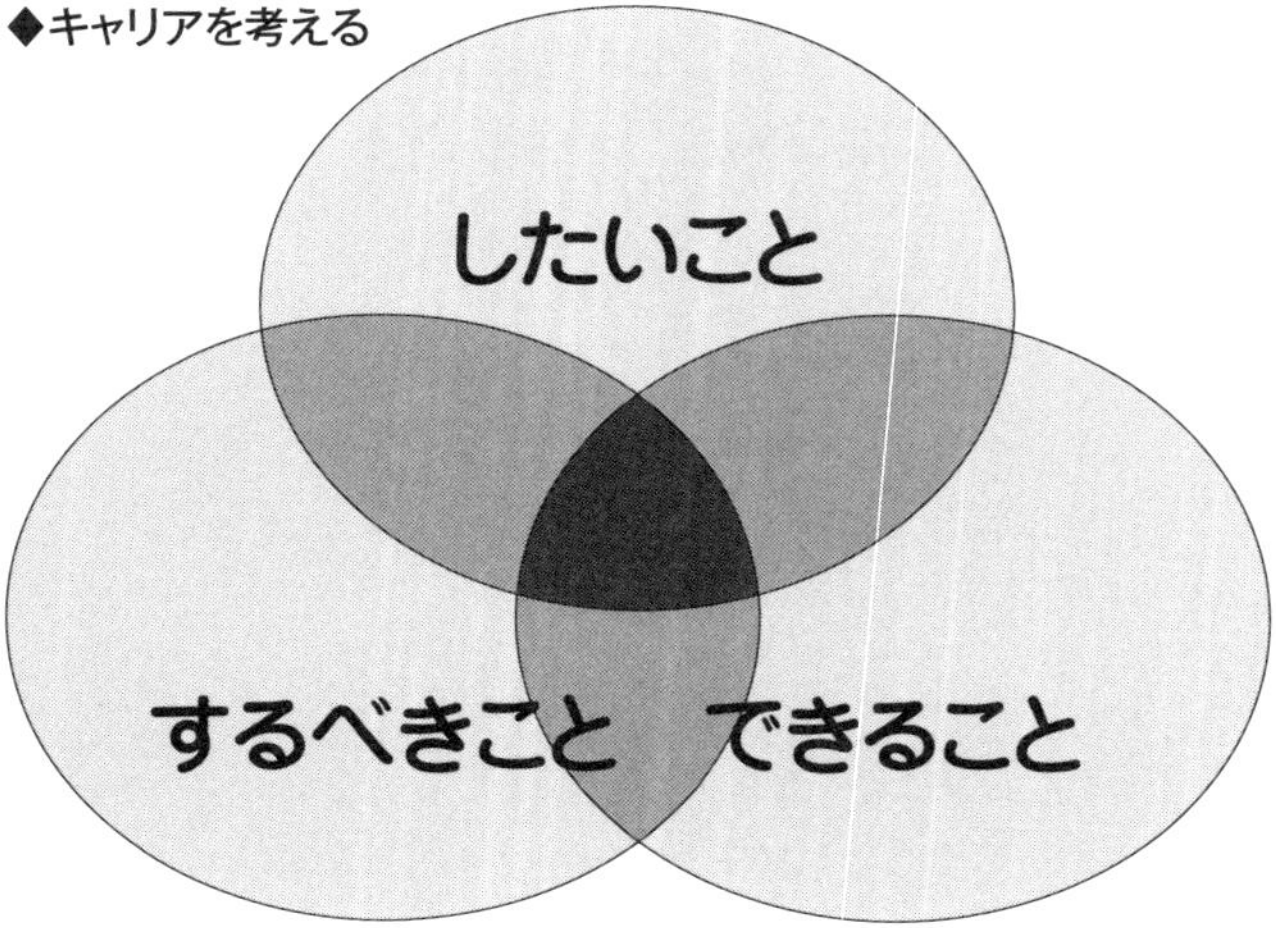

これは、キャリア形成に関する話題ではよく使われる図ですが、キャリアやビジョンを考えるときには、

・したいこと（夢）
・するべきこと（役割・貢献）
・できること（能力・スキル）

――の三つの円（枠）を常にイメージするといいでしょう。

「したいことをする」には、「するべきことをしなければならない」のです。

私自身、やりたいことをやりたくて独立しました。でも、独立するとすべての業務を一人でこなさなければなりません。まず、本を買って自分で会社設立登記をしました。法務局に行き、公証人役場に行き、銀行で手続きをする……、一年経過したら今度は税務署に申告をしなければなりません。正直そういう細かい仕事は好きではありません。

また、営業のためにパンフレットをつくり、お客様を訪問します。そして受注すれば納品をして、その後請求書を発行し、経理処理も全部自分でやりました。

「やりたい！」ということをやるには義務も果たさなければならないのです。

組織に所属していればそれぞれに役割があります。それが好きか嫌いかは別として、その役

割に対して報酬が払われているのです。

ですからいくらやりたいことがあっても、自分にその経験がなく、スキルも足りないうちは、組織にとってそれがあなたの最適な役割ではありません。

まずは今「できること」で貢献しながら、「したいこと」を見出し、今「するべきこと」をやっていきながら自分を成長させていくことなのです。

自分がやりたいと思っていることができ、それが社会の中での自分の役割と一致している部分は長続きする仕事であり、やりがいのある仕事といえます。

今私は組織をつくって仕事をしています。自分が得意ではないけれどやらなければならない部分について、他の人に分担していただいています。ですから、幸せなことに、したいこと、できることと、するべきことが重なり合っていることをしています。

この本を書くことを例に挙げれば、「後輩の女性たちを動機づけるようなこと」が〝したい〟と思っていて、「自分の経験やノウハウを伝えること」が〝できる〟。そして出版社がそれを社会的に伝える意味があると判断してくれたということは、私が社会で〝するべきこと〟なのでしょう。

年を重ねていったら、この三つがばらばらではなく、重なり合う部分が大きくなるものだなと実感しています。

自分の役割をきちんと果たしながら「できること」を増やしていけば、周囲もあなたの言うことに納得し、あなたのやりたいことに協力してくれるようにきっとなることでしょう。

・今、あなたのするべきこと（役割）は何ですか？
・今、あなたにできること、得意なことは何でしょうか？
・今、あなたがしたいことは何ですか？

●子供のときの思い出に「自分を知るヒント」がある

キャリアビジョンを設定する際には、

《自分はこれまで何をしてきて、何ができて、何が好きなのか？》

といった現状認識が必要になります。

なぜなら、自分自身を把握することによって、ビジョンを実現する際の障害や、それを乗り越えるために伸ばすべき能力、自分がすべき行動が明確になるからです。

そのときにヒントになるのが、自分自身の根っこにある、自分を突き動かすようなエネルギーの源泉を見つけることです。

ここからしばらくは、自分を知るための質問を続けていきたいと思います。

例えば、子供の頃の体験で感じたことを思い出してみてください。子供の頃の感動はその後の私たちの生き方に大きな影響を与えると言われています。そして、その体験をもとにキャリア形成している場合が多いのです。

看護師さんに聞くと「小さな頃、病気で入院したときにとても優しくしてもらった」とか「助けてもらってうれしかった」といった原体験を持っていて、それで看護師になったということがよくあります。そのときのじわっとした喜び、感動を大切に思い、他の人にもそうしてあげたいという気持ちがその後のキャリア選択に影響しているといいます。スポーツ界では有名選手の活躍シーンに感動し、あこがれて自分も選手になったという話はよく聞きますね。

あなたに大きな影響を与えた出来事、人、出会いは何でしょうか。それを探ってみることには価値がありそうです。それらのことが心理的なエネルギーとなって自分の考えや行動を支えているのです。

・小さい頃にあなたが感動したこと、感情に強く訴える出来事にはどんなことがありま

したか？

・あなたの生き方に大きな影響を与えた人は誰ですか？

・あなたは「大人になったらどんなことをしたい」と考えていましたか？

・今、あなたをわくわくさせることは何ですか？

社会に出たときの〝思い〟を振り返る

次は、就職前と就職した直後に関する質問です。

あなたは、学生の頃、仕事に対してどんな思いを持っていたのでしょう？　そして、なぜ、その仕事にその会社を選んだのでしょう？

夢や思いを持っていた若い社員も、その職場で何年か働き、現実にもまれているうちに、それを忘れてしまうことが多いようです。大きな組織であればあるほど、新入社員のできることは限られていて、仕事を覚える、周囲に合わせることで精いっぱいです。一人では何もできないことを思い知らされることでしょう。でも、五年もすればいろいろなことが見えて、いろいろなことができるはず。もう一度最初に描いた夢は何だったのか、そして、自分の思い描いたキャリアプランが、良くも悪くも変化していったときに、自分がどんな感情を持ったかを思い出してみましょう。

・現在の会社で働こうと決めたときには、どんな「夢」や「思い」を持っていましたか？（入社したときの抱負・長期的な目標などありましたか？）

・あなたがキャリアの変化と考えるもの（出来事）は何でしたか？　そのときの感情は？

・仕事に対する意識の変化はありましたか？　それはいつ起きましたか？　具体的な出来事はありましたか？

◆心理的エネルギーの源泉を探る

- 自分の能力と可能性に深く結びついている
- 自分らしさが表現できる
- そのことを思い出すと感動する
- 理由なく、わくわくどきどきする
- その情景が心に焼きついている
- 人生の転機になっている
- 自分の価値観の源泉になっている
- 頭の中に呪文のようにいつも浮かんでくる

このようなことはあなたを突き動かす大きなエネルギーとなっています。それを感じたり、考えたりする背景に何があるのかを探求してみましょう。

●自分の今の仕事を他人に詳しく話してみる

最後は、今のあなたの仕事についての質問です。

あなたは今、どのようなことをしているのでしょうか。次第に「仕事ってこんなものか」と高をくくってはいないでしょうか？　また、「どうせ……」、「結局……」などとあきらめの言葉をつぶやいていませんか？

自分自身、納得いかないことがあるとして、それを環境のせいにしてはいませんか？

確かに環境のせいであるかもしれませんが、それを嘆き、諦めても何も欲しいものは得られません。そんな環境の中で何ができるのか？　どうしたいのかを考え続けることが大切です。

- **あなたは今、どんな仕事をしているのですか？　どんなときに充実感がありますか？**
- **充実感を得られない人は、それはなぜですか？**

●自分の会社をよく理解する

自分自身を振り返ったら、次は自分のいる環境について考えてみましょう。

あなたは、自分の会社のことをどれだけ知っていますか?

エンプロイアビリティを高めようとしたときに、何をどうすればいいかは、そのときに自分が置かれている状況や、将来目指すものによって変わってきます。

今、自分の勤めている会社が社会にどのような価値を提供しているのか? どんな歴史があり、どんな経営資源を持ち、業界ではどのような地位にあるのか? どんな方向へ進もうとしているのか? ——あなたは中学生にでもわかりやすく説明できるくらいに知っていますか? あるいは、誰かから、「会社の事業内容や目指す方向を第三者に説明(プレゼン)してほしい」とリクエストされたら、人前で端的に語ることができるでしょうか?

多角的な事業展開をしている企業の場合には、自部門の主力商品だけでも結構です。できるでしょうか?

たとえ間接部門であっても、補助的な仕事であっても、自社製品についてお客様にとっての価値、競争力を知っていなければ仕事になりません。今あなたがしている仕事は、それだけで独立しているわけではなく、社内外の多くの人間が参加した中でお客様への価値提供へとつながり、対価をいただいて、それがあなたの給料になっているのです。

それに、自社の事業内容について知ると、つまり全体像がわかると、働く意識も楽しさも変わります。

あなたの会社も、ある程度の規模の会社ならば、世の中にいろいろな情報を発信しているはずです。確認してみましょう。

- **創業年月日は？**
- **社是や理念は？**
- **資本金は？**
- **主なお客様は？**
- **年商は？**
- **商品別の売上構成比は？**
- **業界での地位は？**
- **お客様に提供している価値は？**

こうした情報は会社案内やカタログ、そしてホームページから誰でも手に入る情報です。

ホームページや会社案内には社長のメッセージや企業のコンセプトなどが書いてあるページがありますので、そこから、会社は誰がお客様なのか、何が強くて、これからどんな方向に進みたいのかを読み解いてみましょう。

その次は、同業他社のホームページを見てみましょう。

まず、基本情報を比較すると会社の骨格が見えてきます。規模の大小、対象顧客、売上構成比などからどのような違いがあるか推測してみましょう。

せっかくなので、そのとき簡単な比較表をつくってみるといいかもしれません。売上高や利

◆競合とのポジショニング（安心×便利）

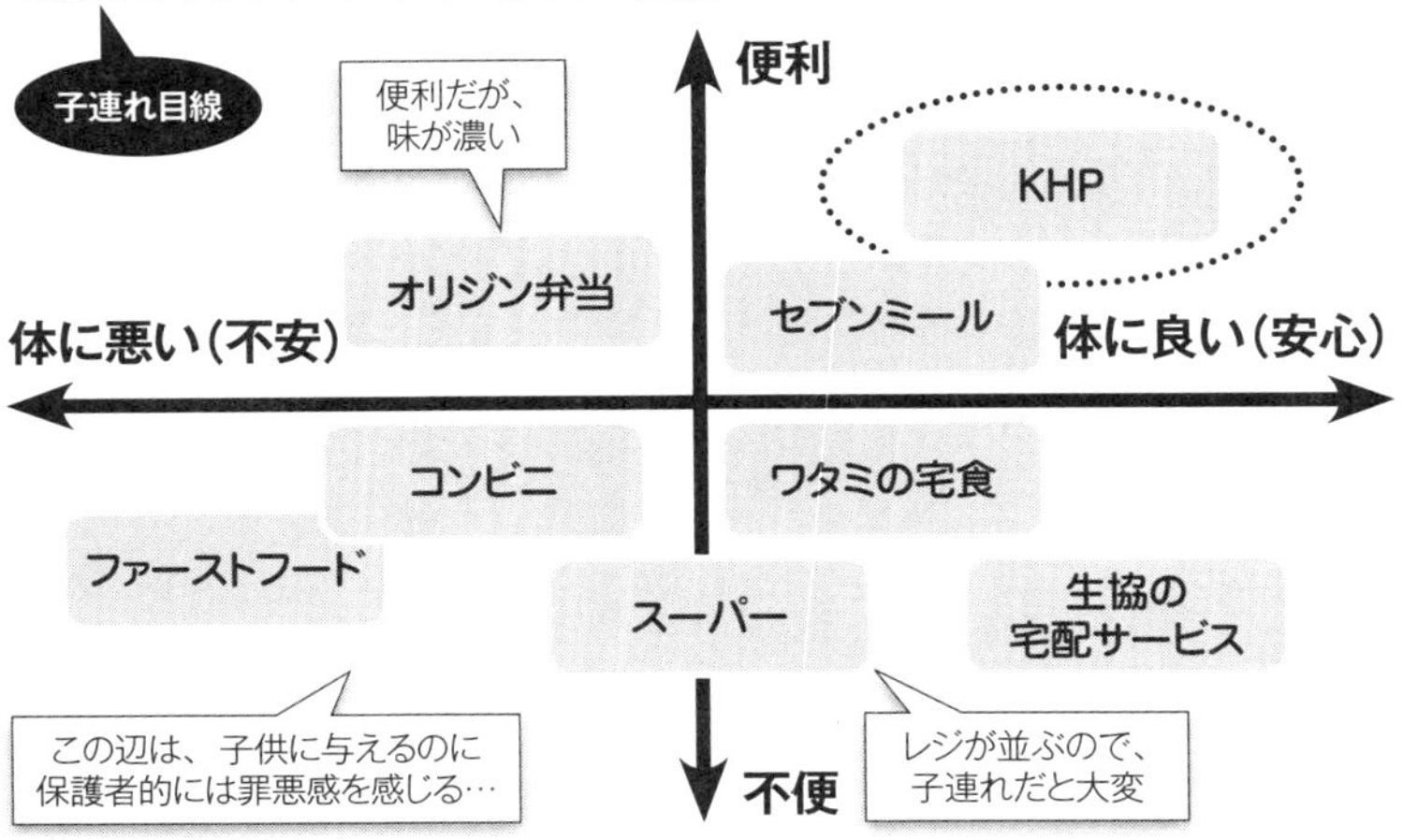

益、正確な従業員数などがわかればその方がいいのですが、上場企業でないとなかなか取得しにくい情報なので、とれる情報で比較するなら売上高と創業年数でやってみましょう。自社と他社を比較してどのような違いがみられましたか?

このような明確な数字がなくてもイメージや自分の直観でつくってみるのも面白いですね。図は便利さと安心という二つの軸で競合比較をしています。このように二つの軸を決めて自社の競合会社や競合商品を当てはめてみると、自社の位置づけを確認することができます。これもぜひ試してみてください。

例えば、斬新さ、堅実さ、専門性の高さ、楽しさ、高級感等々、軸は特徴が出そうなものを選んで位置づけを確認してみてください。こうした比較分析はポジショニングと言われ、マーケティング部門の人たちの間ではよく使われています。

会社について知らなかったことを知るためには、単に資料を読むだけではなく、いろいろな部署の同僚や上司に尋ねてみましょう。

自社の強み、弱みなど外からは得にくい、直接的な人から情報を得ることができます。

社会の変化を理解して「準備」していますか?

●一〇年、二〇年後の社会の変化を予測する

キャリア・ビジョンを描く際には、「自分が何を求め、何ができるのか?」という棚卸しのほかにも考えておくべきことがあります。

それは、一〇年、二〇年後の社会の変化を予測するということです。

あなたがいくら努力をしても、将来、会社(そして社会)がその様な人材を必要としていないとなると、せっかくの能力が無駄になってしまいます。

事実、ここ二〇年くらいの間にも、私たちの身の回りから多くの業種や会社、ビジネスモデル、職業、製品などが消えていき、それに代わったものが現れていますね。

これだけ社会の変化が激しくなると、私たちが子供の頃に慣れ親しんでいたモノやサービスのうち、未だに儲かるビジネスとして成り立っているケースのほうがむしろまれなのかもしれません。

将来に関しては、最近話題の二人の学者による予測が衝撃的です。

まず、米国デューク大学のキャシー・デビッドソン氏は、二〇一一年度にアメリカの小学校に入学した生徒の六五%は大学卒業時には今はまだ世の中に存在しない職業に就く——という予測をしています。

また、前述のように『雇用の未来——コンピューター化によって仕事は失われるのか』という論文を発表したオックスフォード大学のマイケル・A・オズボーン准教授は、アメリカでは今後一〇年から二〇年程度の間に約四七%の仕事がコンピューターによって自動化される可能性があることを指摘しています。

では、将来の社会はどうなっていくのでしょう？　予測できる変化を一覧表にしてみました(次頁図参照)。

コンピューターやロボットが私たちの働き方を大きく変え、海外からの労働者も増えていく中で、あなたにしかできないことは何なのでしょうか。

◆10年後になくなる仕事、残る仕事

人口知能に代わられる主な仕事		生き残る仕事	
電話営業員	タクシー運転手	ソーシャルワーカー	小学校の先生
手縫い裁縫師	法律事務所の事務員、秘書	聴覚訓練士	心理カウンセラー
不動産ブローカー	レジ係	作業療法士	人事マネージャー
税務申告書作成者	クレジットカードの審査員	口腔外科医	コンピューターシステムアナリスト
経理担当者	小売り営業員	内科医	学芸員
データ入力者	医療事務員	栄養士	看護師
保険契約の審査員	モデル	外科医	聖職者
不動産仲介業者	コールセンターのオペレーター	振付師	マーケティング責任者
ローン審査員	飛び込み営業員	セールスエンジニア	経営者
銀行窓口係	保険営業員		

※英オックスフォード大学、マイケル・A・オズボーン准教授の論文「雇用の未来」で示された職種から抜粋。
※「日経 WOMAN」2015 年 8 月号を元に作成。

◆ビジネス環境の変化

- 機械化・ロボット化が進む
- 国の境界がなくなる
- 情報機器、クラウドコンピューターにとって代わる
- 国内外で外国人、グローバル人材が台頭する
- 世界中どこでもリアルに会話ができる
- アウトソーシングが盛んになる（経理、人事管理、労務管理等）
- 物を所有しなくなる
- 子供が少なくなる
- 独身が増える
- 儀礼的交際がなくなる
- 薄利多売は通用しなくなる
- 高齢者の2極分化（元気な・介護必要）が起こる
- 在宅で仕事ができる
- 食糧危機がやってくる
- 温暖化が進む

●会社と自分の関係を見つめ直す

社会が変化すれば、当然、社員と会社との関係も変わります。図にあるように、これからのビジネス環境はますます大きくなり、非常に不確実性の高い、超競争社会になります。

企業の持つ〝競争の優位期間〟や製品のライフサイクルもこれまで以上に短くなり、目まぐるしい栄枯盛衰が繰り広げられるでしょう。

例えば、数年前までは携帯電話（いわゆるガラケー＝ガラパゴス・ケータイ）の関連企業は大きな利益を挙げていましたが、スマートフォンが登場して普及すると、あっという間に業績が悪化してしまいました。ＳＮＳにしても、ｆａｃｅｂｏｏｋやＬＩＮＥなど次々と登場する新サービスによって、勢力図がどんどん塗り替えられています。

そういう社会の変化の中で、会社とあなたはどうなっていくのでしょうか。想像してみてください。

・自分の会社はどういう方向に行くと思いますか？

・自分はどんな働き方をしていくべきだと思っていますか？

中小・零細企業に勤めている方は、会社がなくなる不安や危機感を持っているかもしれませんが、大企業に勤めている人の中には「会社は永遠に続く」と勘違いしている人がたくさんいます。少なくとも自分の会社は潰れないし、自分はそこにいることができると思い込んでしまっているのです。

もうそんな時代ではありません。

四〇代からの社員は、会社にどう雇い続けてもらうかではなく、自分が会社をどう支えるかを考えなくてはならないのです。

●いろいろな働き方があっていい

その一方で、企業は、事業形態に合わせて人材・雇用の形態を選択し、欧米企業のように個人の職務範囲を明確に定義していく流れになるでしょう。

労働市場では、人材の流動化（転職や中途採用）が今以上に進んでいくと思われます。

その中であなたは「広義のキャリア」を豊かにするために、キャリア形成の機会を重視し、多様な雇用形態の中から自分のライフスタイルに合ったものを主体的に選んでいけるようになります。

ずっと同じ会社、同じ形態で働くのもいいし、一度離れるなり、違う勤務形態を経験してからまた会社員に戻ってもいい。独立起業してもいいと思います。

いろいろなキャリア、働き方があっていいのです。

今は、正社員になるのが難しいという現実もありますが、その一方で、正社員が欲しいという中小企業もあります。

でも、「会社が小さい」「きつい仕事はしたくない」という理由で、有名企業、大手企業などの競争の激しいところにみんなが集中してしまう

◆ビジネス環境の変化

工業時代
- 設備投資
- モノの提供
- 少品種大量生産
- 情報の不均衡
- 貿易規制
- 業界内、国内競争
- 大企業、総合企業優位

→

情報時代
- 人材投資
- ソフト、サービス、コンテンツ提供
- 多品種少量生産
- 情報の均衡
- 自由貿易
- 超業界、国際競争
- ベンチャー企業の台頭

から、需給のバランスが取れないのです。人材が集中した職場での競争は熾烈で、当然企業側の力が強くなります。組織としては一人ひとりの個性を活かすというよりは、組織にとってより好都合な人を残し、使いきることこそが効率的だということになります。

持てるスキルを磨き、できることを把握して、少し違う場で自分自身の能力を発揮しようと思ったら、受け入れてくれる職場はいくらでもあります。

逆に、中小企業に入って何かを任されて経験とスキルを積んだ人が、大企業に中途採用で入る道もあります。

今、女性の取締役を置こうとしている潮流がありますが、そういう会社にとっては、むしろ

◆会社と個人の関係も変化

[これまで]		[これから]
・企業の安定性、社会的地位を重視 ・ライフスタイルを企業にあわせる	**人**	・自己のキャリア形成の機会を重視 ・ライフスタイルにあった雇用形態を選択
・人材の固定化 ・限られた職種が対象 ・規制の多い仲介活動	**労働市場**	・人材の流動化 ・幅広い職種が対象 ・自由な仲介活動
・年功的色彩の強い給与 ・年功序列の正社員のみ ・年功的な退職金、年金制度	**人事制度**	・職務的な実績に応じた給与 ・多様な雇用形態 ・ポータルな年金制度
・事業展開と関係の薄い人事戦略 ・職務範囲が不明確	**企業**	・事業形態にあわせて人材、雇用形態を選択 ・個人の職務を明確に定義

日本能率協会資料より

小さな会社でビジネスを総合的に体験してきた人、直観的に動ける人が重宝されることでしょう。

あなたも、あるとき、取締役としてヘッドハンティングされるかもしれません。その日のためにビジネスを理解しておきましょう。

今、そういったキャリアの道は選択肢がとても増えています。途中で学校に行ってもいい、海外に行ったり、育児をしてもいい。人生のいろいろな〝絵〟が描けます。

いずれにしても、大事なことは、自ら働き方を選べるように高いスキルを身に付けておくこと、プライベートも大切にすること、そして、どのようなスタイルの働き方であろうがきちんと自分を主軸にして働くことです。

●これからの課題を見つける

さあ、ここまでたくさんの質問をしてきました。重複することがあったかもしれませんが、繰りかえし浮かび上がってきた経験や感情が書き出されたのではないでしょうか。

それこそが自分を形成しているものであり、核となるものなのです。

質問への回答を通して、自分はどんなことが好きなのか、どんなことを大切にしているのかが見えてきましたでしょうか？　では、これから欲しいもの、なりたい自分はどんな自分ですか？　どんなことをして社会と関わりを持ちたいですか？　その時のイメージ、

それが、キャリア・ビジョンです。


ビジョンが明確になったら、そこに至るまでの道筋を考えていきましょう。

そのビジョンを達成するために獲得することは何でしょうか。

例えば、自分がつくった商品を全世界で販売したいと思ったら、英語力が必要となることでしょう。また、その仕事をやっていくために資格を取る必要があるかもしれません。その分野でずっと社会に貢献し続けられるために身に付けた方がいいことを、リストアップしてみましょう。

●家族に自分の夢を語ってみる

さてこれまで自分を知るためのさまざまな質問をしてきましたが、一〇年後、二〇年後の自分が見えてきましたか。また、克服しなければならない課題は見つかりましたか。すぐには見

つからないかもしれません。数日かけて仕上げるつもりで取り組んでみてください。

また、できたら上司に対して、「私に期待することは？」「私が身に付けたほうがいいと思うことは何ですか？」などと率直に聞いてみるのもいいかもしれませんね。課題がはっきりしたら、それを克服するためにどうしたらいいかを考えてみましょう。

もちろん、それをするには、上司や同僚の協力はもちろんのこと、ご家族の理解と協力が不可欠です。協力を得るためにも、ご家族に自分の夢を語ってみてください。

〈第四章〉

イノベーションマインドを身に付ける

「私は何度でもドアをたたくでしょう。そのドアが開くまで」

マーガレット・サッチャー

（『時代を切り開いた世界の10人⑤』学研より）

会社に利益をもたらすスキルを持っていますか？

●変化の時代にあって「稼げる人材」になる

今、働く女性にとって大きなチャンスが訪れています。

それは、これまで見てきたように社会が大きく変わろうとしている中で、今までのビジネスに関する考え方や、働き方の変化が激しくなっているからです。

高度経済成長時代は、設備投資によるモノづくりで大量生産・大量販売の仕組みをつくり上げた企業が勝者となりました。今は、多品種少量生産へ、さらに３Ｄプリンターの出現で誰もがモノづくりができる時代になっています。

また、インターネットで誰もが世界中のお客様と出会うことができます。注文があれば、宅配便がどこにでも届けてくれます。代金はカード決済できる。つまり、工場も、店舗も、配送体制がなくてもビジネスができるわけですから、逆に《自社で保有しなければならないものとは何か？》が問われているのです。

そこで重要になってくるのは、お客様のニーズにあった商品やサービスを企画する力です。

となれば、ビジネスにおいて、社会の半分を占める女性の声を反映させるのは当然なことです。いや、今でも消費者向けのビジネスならば、購買決定者のほとんどは女性であることから、もっともっと女性の活躍の場はあるはずなのです。

消費者も、「何でもいいから手に入れたい」時代から、「こだわりのモノが欲しい」という時代になっています。私だけのオリジナルなものが欲しいと思う人が多くなっているのです。

それは、市場が細分化されている、つまり、資本の大きい企業だけが参入できる市場だけではなく、誰もが新規ビジネスに参入できる市場があるということ。こうした流れの中で、既存の企業も女性のアイデアや力を活用していこうという機運が高まりつつあります。

これまでの女性の活躍を振り返ってみると、営業の第一線や、モノづくりの現場などの、いわゆるライン職には女性の管理職がほとんどいません。いわゆる〝お金を稼ぐ部署〟では、なかなか任せてもらっていなかったのです。

今までの「モノ中心」で大量生産・大量販売に対応する最適な組織やルールは、主に男性が創り上げてきたものです。そこに、いきなり女性が抜擢されれば抵抗もあるでしょうし、女性も男性のような考えや行動をしていたのでは意味がありません。

女性が入ることでそこに何らかのイノベーションが生まれ、企業にとって職場にとってメリットがなければ、見た目は女性でも、男性と同じ貢献しかできないのです。

●女性社員がイノベーションを起こす時代へ

今、日本は国を挙げて女性活躍推進に取り組んでいます。厚生労働省、内閣府、経済産業省、経団連などそれぞれに施策を打っています。

今までは女性活躍推進の施策といえば女性が働きやすい職場づくりがメインの施策でした。法律では労働法はもちろんのこと、男女雇用機会均等法、育児介護休業法、次世代育成支援対策推進法などが整備されています。

厚生労働省では一定の基準を満たした子育てサポート企業一八〇〇社(二〇一四年時点)に対して「くるみんマーク」を付与しています。また、法改正によりさらに優良企業に対して「プラチナくるみん」を付与していくことになりました。

このような法律ができたことでライフイベントを大切にしながらも長く働くことが可能となってきています。企業にとっても優秀な人材を確保する、企業イメージを高めるためにそれなりの効果があるはずです。しかしそれだけでは、残念ながら現場からは「女性活躍推進？ 総論としては賛成するけど、うちの職場ではね……」ということにもなりかねません。

今、女性活躍推進をさらに一歩先に進めるためには、女性の積極的参画によってそれぞれの職場にメリットが生まれるということを証明していくことが大切なのではないでしょうか。

経済産業省は、女性活躍推進の経営効果として、五つのイノベーションを挙げています(図)。このうち、「外的評価の向上」、「職場内の効果」、「社会的責任への評価向上」は間接効果です。

私たちはこの五つのイノベーションの中でも「プロダクトイノベーション」、「プロセスイノベーション」に焦点を合わせて、女性の能力開発を行っています。それは売り上げに直結する効果です。このプログラムでは半年間にわたり事業アイデアを出し合い、事業コンセプトにまと

◆女性活躍推進の経営効果

1	**プロダクトイノベーション**	女性の新しい視点で新商品や新サービス開発 新セグメントの商品群開発 既存事業にとらわれない大胆な新事業開発
2	**プロセスイノベーション**	女性の保有能力を活かして販売方法や販路の開拓 女性視点を活かしたマーケティング 女性メンバー主体に行う業務効率化
3	**外的評価の向上**	きめ細かなサービスによる顧客満足度の向上 優秀な女性社員の採用 人気企業ランキング向上
4	**職場内の効果**	職域拡大で女性社員の挑戦意欲向上 勤続年数の増加、生産性の向上 男性社員の意欲向上、長時間労働の改善
5	**社会的責任への評価向上**	CSRの向上 SRI対象になるなど安定資金の調達(なでしこ銘柄など) 顧客、取引先などからの評価向上

経済産業省「ダイバーシティと女性活躍の推進」報告書を参考に著者作成

め、マーケティングを行い、採算性を検討し、事業提案書をつくり上げ、プレゼンテーションを行っています。このプログラムですぐに事業が生まれるかというと、正直、事業を起こすということはそんなに簡単なものではありません。

しかし参加者は、このプロセスを通して顧客獲得の大変さ、採算をとることの難しさなど、ビジネスの基本を体得していきます。

そのプログラム内容を紙上で再現することはできませんが、第五章ではその一部をご紹介いたします。会社にもっと積極的に貢献したい、イノベーションを起こしたいと考えている方は、続けて第五章の新しいビジネスを立案・提案する方法をお読みください。

そうした内容は直接今の仕事とは関係ない、少しハードルが高いとお考えの方は、第五章は飛ばして第六章以降の〝職場で気持ちよく働くためのヒント〟に読み進んでいくことをお勧めします。

起業家的発想から学ぶ「仕事を楽しむ術」

●自分自身にわがままに、そして、貪欲に

私は、ベンチャーを立ち上げた人や新事業担当者など事業を起こしてきた多くの人に接してきましたが、彼らの仕事観や人生観には大いに学ぶことがあります。ここではそれらの起業家精神を少し紹介しましょう。

まず一つ目は、「自分自身にわがままに、貪欲に」です。

企業で働いていると、どうしても会社の論理や周りの価値観に合わせてしまっている自分がいます。そうした枠を壊さないと、良いアイデアは浮かびません。

特に女性の場合は、周りに迷惑をかけないように……、あまり目立たないように……、言われたことをきちんとこなそう……と考える傾向が強いので、なおさらです。本来は男性とは違った体験をし、違う感覚を持っているのですから、それを活かさないのはもったいないことです。

「自分が不満なことは何か」「自分だったらこうする」「こんなものが欲しい」という問題意識、

欲求こそがアイデアの源泉になります。

ただその不満だけを訴えても、クレーマーと言われるだけです。不満を起点にして「それを改善するためにはどうすればいいか」「それを得るために何をしたらいいか」を考えることが大事です。

つまり、借り物ではなく自らの困りごと、問題意識を起点とした〝自分主体〟の考え方をしていくことで、地に足がついた提案となっていくのです。

例えば、私たちD－W塾に参加したメンバーがつくり上げた事業提案（第五章参照）は、子育て中のお母さんらしく、《保育園で夕食のお惣菜を受け取れるサービス事業》でした。切実なニーズを理解し、自分なりのこだわりがあるからこそ、ブレずに根気よく取り組むことができたのでしょう。

わがままだからできる独自の発想、わがままを通すための工夫が必要なのです。わがままな人とは「できないこと」の責任を誰かに転嫁する人ではなく、自分自身の責任で「やりたいこと」を主張していく主体的な生き方をしている人のことをいうのではないでしょうか。

●自分自身の思いがビジネスになる

今ではインターネットや物流網の普及で市場は広くなっていますから、これまでなら店を構えても採算が合わなかったようなニッチビジネスでも、ネットで販売すれば、日本全国（世界）中の同じニーズ（あるいは不満）を持った消費者たちの琴線に触れるため、事業が成り立ちます。「トレンドだから……」と市場予測データに基づいて企画する、あるいは「儲かりそうだから」と安易に考えたビジネスは誰もが参入するので、差異化はできません。人の心を動かすのは「私が欲しかったから！」、「私が不便だから解決策を考えた！」――というリアルな熱い思いです。同じような商品が次から次へ発売される今、商品そのものだけでなく商品開発にまつわるストーリーも、売れるための重要な要素となってきています。新事業（商品）を検討するときに大切なのは、まずは儲かるかより、粗削りでも斬新な魅力があるかどうかです。魅力あるコンセプトがつくり上げられたら、そこから儲けの仕組み、実現性を考えればいいのです。

また、事業を進めていけば、必ずといってもいいほど壁に突き当たります。そんなとき、自分の思いを込めたビジネスならどんな障害があっても、あきらめずにその解決を考え、柔軟に対応できるものです。だから「思い」をもっと高め、前面に押し出していきましょう。

おっちょこちょいな人が貴重な時代

これまで企業では、おっちょこちょいな人はあまり優遇されませんでした。需要が供給を上回る時代は、規格品をたくさんつくることが儲けの源泉であり、そのような大量生産大量販売の時代では、指示通りに真面目に黙々と仕事をする人が求められていました。

しかし、今は顧客ニーズも多様化し、少量多品種生産の時代です。そうした時代では大がかりなマーケティングをするよりも、まずは試しにつくってみる、試しに売ってみることが必要になっています。新事業の評価も、詳細な事業提案より、その事業コンセプトを検証したかどうかに重きを置くようになっています。

また、事業の立ち上げスピードも速くなっています。ですから、じっくりと考え、資料を集めて、詳細な投資計画をつくるなどしていては、商機を逸してしまうことすらあるのです。常識的な人、優秀な人、真面目な人ほど事業を起こしにくいと言われていますが、それは情報や常識に縛られてしまうからではないでしょうか。自分自身が考えたアイデアでさえ「できっこない」とか「もう、あるさ」と頭の中で潰してしまうのです。

でも、考えていても何も始まりません。陳腐なアイデアでも人に語ってみる、お客様に聞いてみる、そういう行動をすぐに起こすことが重要なのです。動くことでアイデアが磨かれ、今までにない素晴らしいものへと変化させることが可能なのです。

新規事業だけでなく、既存のビジネスでも顧客のニーズの多様化、競争の激化は起きています。そんな中ですぐ動く、すぐやるという、ちょっと「おっちょこちょいな姿勢」は、どんな仕事でも大切なことなのではないでしょうか。

●混乱を楽しむ

日本人は他国の人に比べて不安遺伝子を持つ人が多く、不安定な状況を嫌うそうです。会社員として働いている人は、実業家に比べてその傾向が強いかもしれませんが、できれば混乱している状況を楽しみましょう。

実は、少し不安でどきどきすることと、期待でわくわくすることは、似たような感覚があります。

できないことを「できません」と言い切ってしまえば、混乱や葛藤はなく気持ちは楽になるかもしれません。でも、「やってみよう」と思うと、不安だけれど少しわくわくする複雑な気持ちになります。

そんな小さなことから始めてください。そして、この不安や混乱を楽しんでみると新しい世界が開けます。

世の中に新しいもの、新しいサービスを提供していくということは、《できないことをできるようにしていく》ことなのです。その過程では、すっきりと割り切れた気持ちではいられないことでしょう。しかし、その不安定感を楽しんでしまうことが大事なのです。

殻を破るような新しいアイデアや決断は、今までの秩序や延長上にはなく、得てして混乱、混沌の中から生まれます。

●恥をかいて成長しよう

恥をかきたくないという心理は、何処から生まれてくるのでしょう。否定されたくないという心理なのではないでしょうか。

最近は、素晴らしいことをして褒められる賞賛欲求より、人から否定されないようにする拒否回避欲求を持つ人の割合が多くなっているそうです。確かに恥をかくのは嫌なもので、まさに穴があったら入りたいというくらい落ち込むこともあります。私もそんなことが時々ありますが、人間はよくできたもので三日もすれば忘れます。それに実は周りの人はそれほどあなたに関心があるわけではないと思ってもいいのではないでしょうか。

たとえ考えや行動は否定されたとしても、存在自体が否定されているわけではないのです。否定されるようなことがないとしたら、それはチャレンジをしていないということ。失敗したっていいのです。恥をかいた分だけ何かが身に付きます。

初めてのこと、慣れないことにチャレンジすれば、失敗したり、上手くできなくて当たり前です。そこで「恥をかいた」と思わず、「得難い経験をした」と考えちゃいましょう。


最近「入社以来ずっと同じ業務を担当している女性社員が後輩にパワハラをしているのだが……」というような相談をよく受けます。なぜこのようなことが起きるのでしょうか。

同じ仕事を長年していれば当然その業務のエキスパートになります。ほぼ失敗はなくなるでしょう。恥もかかなくなります。しかし、その人は、やがて恥をかくことができなくなってしまうのではないでしょうか。そして他人には必要以上に厳しくなってパワハラをしてしまうのです。人は知らないことが多い、新しい場に身を置けば謙虚にならざるを得ません。

同じ職場で同じ仕事をしていれば「できないことのもどかしさ」「情けなさ」など心の痛みを感じることが少なくなります。しかし同じ業務でも新しいことに挑戦すれば、自分は知らないことが多くなります。人に教えてもらわざるを得ません。そういう姿勢が大事だと思います。そしてそのような経験が自分を成長させるのです。

「恥をかきなさい」とは言いましたが、実は新しいこと、不慣れなことに真剣にチャレンジしている人を見て嘲笑する人はいないでしょう。むしろ、ベテランの人が学んでいる姿は「かっこいい」とすら感じるのですが……。ということで、私も恥をかき続けています。

●他人の力を借りちゃおう

成功した人は大抵、自分自身の偉業を話さず「周囲の人に恵まれた。運が良かった」と言います。自分一人の力でできる仕事は限られています。大きな仕事をする人ほど他人の協力なしにはそれを成し遂げることはできないでしょう。何かやりたいことをやりたかったら、上司や同僚をうまく巻き込んでしまいましょう。事業を立ち上げる人はお客様をも巻き込んでいます。

組織の中で力を持つのは「お客様がそれを望んでます」「お客様はこうおっしゃっています」という発言です。お客様のお困りごとを聞かせてもらい、それに対して解決策を共に考えていく――。その行為がビジネスを成功に導きます。

そのときに大切なのは、小さくてもいいから「うまくいったときのイメージ」を持つことです。

そんな具体的なイメージを持っていれば、他人に伝わりやすく、他人から力を借りることができます。人は〝思い〟や〝夢〟に共感して集まってくるからです。

ある会社でおこなった「女性のためのキャリア開発の研修会」に参加した女性の話です。

彼女は工場の総務担当でしたが、研修で「みんなが生き生きと働ける職場をつくりたい」というビジョンを掲げました。しかし「よくよく考えてみると自分は会社のことを何も知らないし、仲間がどんな気持ちで働いているかも知らない」ということに気づきます。そこでまず最初に始めたことは、自分自身が会社の製品のことを知るために技術部の先輩にお願いして勉強会を始めることでした。せっかくの機会なので周囲の人も誘うようにしました。

技術者が交代で指導してくれたこともあって、その勉強会は徐々に大きくなり、やがて工場全体の勉強会へと発展していきました。今ではその勉強会の名称に、冠として彼女の名前が付いているというのです。上手に人の力を借りることで成功した事例です。

●日常生活で直観力を磨こう

つい最近まで、ビジネスの世界では、分析力が重視されてきました。システム思考と言われるような、論理的に統計を駆使することが大事とされてきたのです。

しかし最近は、それだけでなくデザインを重視しようという考え方が多くなっています。それは感覚的で感情的、直観的なアプローチです。システム思考からデザイン思考になっているのです。ですからビジネスでも、感性、直観を磨くことがとても大事になっています。

第一印象というのは、会った直後の数秒間で決まってしまうそうですが、人間が何かの判断をくだす場合、いつも深くじっくり考えているわけではなく、その場その場の直観で決めている場合がほとんどです。

それでも結果として正しいことが多いのは、実は、直観というのは、脳が過去に得た経験や情報をもとにものすごいスピードで分析し、答えを導き出しているものだからでしょう。

例えば、本や映画などのタイトルやポスターを見て、面白そうだと思ったので見たら本当に面白かった――。食事をしようと向かったレストランの外観を見て、何か嫌な感じがしたので入ろうかどうか迷ったが、お腹が空いていたので入ってみたらやっぱり失敗だった――。

こんな経験は誰にでもあると思います。

もちろん、結果として外れることも多いのですが、直観力は、経験と訓練によって磨くことができます。

特別難しいことは必要ありません。一人で、日常のちょっとした場面でできることです。

例えば、道を歩いていて、どのルートが目的地に早く着くことができるかを直観で決める。エレベーターや駅の券売機を使うときにどの列が一番早く順番が来るかを直観で判断する——といったことを意識してやってみるのです。

料理のオーダーを決めたり、土産物を買うなどの、もし判断を誤ったとしても、大きな実害のない場面では、とにかく即決する習慣を付けるのもお勧めです。

日頃から直観を磨いておくと、観察力や洞察力が鍛えられます。

そのため、コミュニケーション能力だけでなく、世の中のニーズや問題を解決するためのアイデアを発見する際にも役に立つのです。

〈第五章〉

はじめての事業提案

「女性の地位向上のためには、まず女性自身が能力や人格の完成を世に証明することだ」

津田梅子

（『世界の女性名言事典』PHP研究所より）

アイデアを「コンセプト」に育てる

●その商品を買う（使う）お客様を知る

さて、ここからは、アイデアを新商品や新事業として提案するためのスキルを解説していきます。稼げる社員、イノベーションを起こせる社員を目指していきましょう。

まず大切なのは、思いついたアイデアをそのままにせず、コンセプトにまとめていく習慣を付けることです。

良いアイデアを出しても、それが「思いつき」のレベルで終わっているうちは、結局のところ何も考えていないのと同じです。

ただし、思い付きをビジネスコンセプトまでにつくり上げるのはなかなか難しいことですので、アイデアが浮かんだら、まずはその利用シーンを考えてみるところから始めてみましょう。

あなたが思いついたその商品やサービスは、主にどのような人が買い、使うのでしょうか？

例えば、こんな問いを立てて、その商品を買う人、使う人をイメージしていきます。

・その商品を使う（買う）人の年齢は何歳か？　どんな生活環境で、どんな仕事をしているのか？　（その人の属性など基本的な情報）
・その人がよく口にする言葉は何か？
・その人の好きなものは何か？
・その人はどんなふうに一日を過ごしているか？
・その人が解決したいと思っている課題やチャレンジは何か？
・その人は、さまざまな情報（メディア）とどう接しているか？
・その人が、製品やサービスを購入する理由・目的は何か？
・その人は、製品やサービスの購入に、どんな関与の仕方をしているか？

Ｂ to Ｃ（business to consumer）ビジネス――企業が消費者向けに最終製品をつくるビジネス――では、いったいどんな人がその商品を買ってくれるのかわからないので、この時点で代表的なお客様をイメージしてみるわけです。

とはいえ、何か事例がないとわかりにくいでしょうから、ここでは、実際に販売されている商品、パナソニック社の『ドアモニ』を例に説明していきます。

一緒に企画を考えているつもりで読んでみてください。

●想定顧客をセグメント（グループ）化する

パナソニック社の『ドアモニ』というのは、配線工事が要らないワイヤレス・ドアモニターです。ユーザーは来訪者があった場合に、室内モニターのボタンを押すと、玄関ドアの前の様子を確認することができます。

最大の特徴は、カメラを玄関のドアに掛けるだけで簡単に設置可能である点です。そのため、追加的な造作が難しい賃貸住宅でも使いやすいのです。

では、この商品は誰が欲しがるのでしょうか。

想定している顧客は、パナソニック社の商品サイトを見ると窺い知ることができます。

http://panasonic.jp/doormoni/

これを参考にして、次の五つの顧客セグメント（グループ）を想定してみました（次頁参照）。

（1）「インターフォンのない賃貸住宅に住む女性単身世帯」
（2）「子供だけで留守番させることのある共働き世帯」
（3）「高齢者世帯」

(4)「防犯対策をしたい専業主婦のいる世帯」
(5)「一人暮らしを始めた娘を心配する親」

ここから、具体的にイメージできる人物像をつくり上げることで、よりリアルにその人の立場に立って好みや購買行動を考えることができるわけです。

●購入単価を計る

次に、各セグメントの購入単価を考えてみます。

この商品に一番多くのお金を払いそうなのは、「一人暮らしを始めた娘を心配する親」であり、逆に、一番お金を払わなさそうなのが「防犯対策をしたい専業主婦のいる世帯」としました。

◆主要顧客セグメントの選定

	顧客セグメント（イメージするお客様）	購入単価	セグメントのボリューム	市場規模の傾向	主たる競合
1	**インターフォンのない賃貸住宅に住む女性単身世帯**	中	小	横ばい	インターフォン
2	**子供だけで留守番させることのある共働き世帯**	中	中	⬆	インターフォン 防犯カメラ
3	**高齢者世帯**	中	大	⬆	インターフォン 防犯カメラ
4	**防犯対策をしたい専業主婦のいる世帯**	低	中	⬆	防犯グッズ カギの交換
5	**一人暮らしを始めた娘を心配する親**	高	中	➡	防犯グッズ

その他は、その中間的な金額をかける、という仮説です。

購入単価については、わかる範囲で「〇〇〇円」と具体的に金額を入れてみると、よりハッキリしてきます。

もし、あなたの身の周りにこのセグメントに属する人がいて、この商品にいくらまで出す気があるかヒアリングできるのであれば、非常にリアリティある数字を把握することができます。

ボリューム（市場規模）を計る

続いて、各セグメントのボリュームがどの程度あるのかを検討します。

明確な数がわからない場合には、ここに挙げてあるセグメント同士を比較して、相対的に多いのか少ないのかを比較するだけでも十分です。

単価×ボリュームが市場規模ですから、単価が伸びるのか否か、セグメントのボリュームが増加傾向にあるのか否か、ということを加味して、市場規模の動向を検討します。

どんな商品がライバルになるのかを知る

各顧客セグメントが、何と比較して購買を検討するのかを見ていきます。

これを行うことで、どの顧客セグメントが自社にとって魅力的か、攻めやすいかが、おぼろげながらも見えてきます。

●さらに細かくニーズ分析する

次頁の図の縦軸は、この商品が満たすであろうニーズを網羅的に書き出したものです。そして、横軸では、そのニーズが、それぞれの顧客セグメントにとって《どのぐらい重要視されるものであるか》という仮説です。

(「とても重視する」が◎、「重視する」が○、「あまり重視しない」が△、「まったく重視しない」が×)

より詳細にニーズを分析していくにあたって、五つ全ての顧客セグメントに対して解説していくのは煩雑になりますから、ここからは便宜的に(2)の**「子供だけで留守番させることのある共働き世帯」にしぼって**話を進めます。

「子供だけで留守番させることのある共働き世帯」の心配事は、子供の留守番中の時間帯でしょう。親御さんは、その間に誰が訪問しているのかを、できればリアルタイムで把握したいという思いが強いと思われます。

これを踏まえて、次は商品の差異化を検討する「アトリビュート分析」に進みます。

◆顧客セグメント別、ニーズ分析

顧客セグメント / 顧客ニーズ	1. 単身女性	2. 共働き世帯	3. 高齢者世帯	4. 専業主婦	5. 女子学生の親
A **取り付けが簡単**	◎	◎	◎	◎	◎
B **取り外しが簡単**	◎	○	○	○	◎
C **画面が大きい**	△	△	◎	△	△
D **夜でも映せる**	◎	◎	×	◎	◎
E **録画ができる**	×	○	×	○	×
F **通話ができる**	△	△	◎	○	△
G **写真をとれる**	○	◎	△	△	○
H **子機がワイヤレス**	×	△	○	◎	×
I **子機の画像がすぐ映る**	△	○	◎	◎	△
J **スマホと連動する**	○	◎	×	×	○
K **ズーム機能**	△	○	△	◎	△

アトリビュート分析をする

●差異化戦略を立てるために

アトリビュート分析とは、顧客の立場になって「なぜ競合商品が売れるのか？　顧客が商品のどの特徴を買っているのか？」を論理的に把握していく方法なのですが、何はともあれ、まずは下図をご覧ください。

この図の横軸では、《商品の特性》を三段階に分けています。

「基本的特性」、「優勢的特性」、「決定的特性」の三つです。

一方、縦軸では、《その商品への立場》を三つに分けます。

◆アトリビュート分析

	基本的特性	優勢的特性	決定的特性
肯定的立場	①あって当たり前	②ちょっと魅力的	③これに決めた（この特性があるから買う）
	← 時間の経過とともに「あって当たり前」の特性になる		
否定的立場	④我慢できる	⑤文句を言いたい	⑥何だこれは（この特性があるから買わない）
	時間の経過とともに「何だこれは」という特性になる →		
中立的立場	⑦だから何なの	⑧おまけなら欲しい	――

出所：大江建「なぜ新規事業は成功しないのか」（2008）日本経済新聞出版社を一部改編

この分析方法は、八つの枠を使って商品が持っているいくつかの特性を、あるお客様の視点で分類していきます。その一つ一つの枠を見ていきましょう。

一つ目の「あって当たり前」はその商品の基本的な特性で、それがなければその商品ではないというような特性です。次の「ちょっと魅力的」という枠に入るのは、他社の製品や従来の製品と少し違うなと感じるようなことです。そして三つめの枠に入るのが「これに決めた」という特性で、それが購買を決定するような特性です。実はこの購買決定要因は意外に機能ではなく情緒的なものが多いのです。色やデザインが決め手になっていることもあります。

二段目の否定的な立場からみた特性を考えてみましょう。まず四番目の枠は「我慢できる」という特性です。そして五枠目は「文句を言いたい」という枠で他社の商品と比べて少し劣る特性が入ります。六つ目は「何だこれは」という特性となります。この六つ目に入るような特性があるようでは、売れないし、売れたとしても会社の信用を落とすことになりかねないものです。例えば東京在住の働く人にとっての宅配便を例にとってみましょう。初期の頃のサービスは配送時間の希望は半日単位で区切られていました。当時は半日をあてて、モノが届くのを待っていたものです。少し大変なことでしたが、それしかないので我慢して待っていました。しかし、どこかの会社が時間を二時間毎に区切ってサービスを提供するようになると、今までの半日単位で配送する会社のサービスに対しては「文句を言いたい」ということになります。そして、今では携帯電話でやり取りしながら好きな時間に配送してもらうことができるようになっています。そうなると、もう半日単位で配送するなどという悠長なことをやっているサービスは誰も利用しなくなるでしょう。

そして一番下の段では中立的立場の特性を書き込みます。七つ目の枠が「だから何なの」というものです。ターゲットとするお客様にとっては何の価値もない特性です。八つ目は「おまけなら欲しい」というもので、商品の購買決定には直接関係ないものでこのような特性はコスト高になっているのかもしれません。こうした特性は除いた方がいいものと考えられます。

一般に商品やサービスを提供する側はよりその特性を機能で表現することが多いのですが、顧客は機能で表現されてもそれが自分にとってどう素晴らしいことなのかを理解することが難しいのです。顧客目線で商品の特性を表現するのがこのアトリビュート分析です。しかし、商品に対する顧客のとらえ方は時間の経過とともに変化します。肯定的立場の場合は、購入の決め手となった決定的特性は競合商品の追随によってだんだんと「あって当たり前」になってしまいますし、「我慢できる」特性は次第に「文句を言いたい」、やがて「何だこれは」へと変化してしまうのです。このように商品やサービスの持つ特性を分類して、既存商品や競合商品と比較検討し、新たな訴求ポイントを見出すためにこのアトリビュート分析を使います。

私たちの塾でも、これまで事業提案を立てたことのなかった女性参加者たちが、このアトリビュート分析を使って商品コンセプトを構築し、仮説を立て、検証するという一連の活動を生き生きと行っています。

「子供だけで留守番させることのある共働き世帯」に予想される反応

パナソニック社の『ドアモニ』に話を戻して、このようなバックグラウンドの想定のもと、顧客がどのように反応するかを考えていきましょう。各セグメント別にそれぞれ異なる購買の決定要因があることが明らかになってきます。そして、その決定要因がわかれば、企業が販売促進を行う際に何を強調すべきかが見えてくるわけです。

次頁図は、「子供だけで留守番させることのある共働き世帯」のアトリビュート分析図です。

まず、上段の「肯定的立場」を見てください。

「取り付け、取り外しが簡単」なのは、全てのセグメントに対して目玉になりますが、特に、日頃から忙しくしている人、引っ越しする頻度が高い人、賃貸住宅に住む人にとっては、より重要な特性となりそうです。

また、共働き世帯は、平日の昼間は家にいないので、即時の対応はあまり重要視されず、「スマホと連動」していることが重要なファクターとなるものと想定します。

次に、二段目の「否定的立場」を見てください。ここにある感想は、今後、改良品を開発するためのヒントになります。顧客がその商品のどんな部分を我慢しているのかを把握し、改善できるからです。

また、その商品に搭載している機能が、意外と消費者に重視されていない場合もありますが、これは三段目の「中立的立場」に示されます。

ここの機能を思い切ってスリム化することで、シンプルで低価格の商品の開発につながるかもしれません。

◆アトリビュート分析例　ドアモニ

商品名　ドアモニ　**顧客セグメント**　共働き世帯（子供が留守番）

	基本的特性	優勢的特性	決定的特性
肯定的立場	**あって当たり前**	**ちょっと魅力的**	**これに決めた**
		ズーム機能 子機がワイヤレス 通話ができる	取り付け、取り外しが簡単 （工事不要） スマホと連動
否定的立場	**我慢できる**	**文句を言いたい**	**何だこれは**
		夜は映らない	
中立的立場	**だから何なの**	**おまけなら欲しい**	

●競合となりうる商品も分析してみる

アトリビュート分析の特徴をより明確にするために、『ドアモニ』だけでなく、競合となりうる商品の分析を行うことも有効です。

例えば、同じパナソニック製の上位機種で、こちらは取付工事が必要な『どこでもドアホン』で試してみました（下図）。

このように比較してみることで、それぞれの商品の持つ優位性を明確にすることができます。やはり『ドアモニ』との比較では、金額と工事が必要な点がネックになってきそうです。つまり『どこでもドアホン』は工事を厭わない他の顧客をターゲットにしていることが想像できます。

◆アトリビュート分析例　どこでもドアホン

商品名　どこでもドアホン　**顧客セグメント**　共働き世帯（子供が留守番）

	基本的特性	優勢的特性	決定的特性
肯定的立場	**あって当たり前**	**ちょっと魅力的**	**これに決めた**
	来客者を室内で 視認できる	ボイスチェンジができる 夜でも映る　写真を撮れる 子機を増やせる 火災報知器と連動する	スマホと連動
否定的立場	**我慢できる**	**文句を言いたい**	**何だこれは**
	高い（3万〜6万円） 工事が必要		現状復帰が必要な 賃貸住宅にはつけられない
中立的立場	**だから何なの**	**おまけなら欲しい**	
		録画をとれる　ズーム機能 複数箇所を同時に モニターできる	

「仮説のマネジメント」が必要になる

さて、駆け足で見てきましたが、何となくでもアトリビュート分析がイメージできたでしょうか。

現在は、事業の成否における参入スピードがより重要になっています。そのため、本格的なマーケティングを行う前にこのような手法を使って仮説を立て、簡単な検証を繰り返す方法が主流になりつつあります。

既存事業や商品であれば過去の経験で顧客のニーズ、売り上げ予測や事業のリスクなど推測できますし、そう狂いは生じないのですが、新事業や新商品の場合は、やって見なければわからないことが大半です。

それでも新商品開発の場合は、材料調達も製造も自社でできますし、マーケティングノウハウや販売ルートもあります。不確実なのは顧客ニーズくらいでしょう。

しかし、新事業となると製造も販売もオペレーションもわからず、難しさは格段に上がります。今までの知識や経験があまり役立ちません。不確実な要素が多すぎるのです。

そのため、私たちは「仮説のマネジメント」と称して、既存事業とはちがったマネジメント手法を使うようにお勧めしています。前述のアトリビュート分析は、新商品でも新事業でも使える方法なので、ぜひ使いこなしてみてください。

●詳細な事業計画書よりも《いかに検証したか》が重要

ただし、顧客ニーズや商品・サービスの差異化を検討しても、それはあくまでも机上のこと。本当にそれをお客様が求めているものかどうかはわかりません。

商品コンセプトにしても、ビジネスコンセプトにしても、「もし○○したらこういう結果になるのではないか？」と仮説を立てて、きちんと検証してみることが大切です。

実際、最近のビジネスコンテストなどを見ると、詳細な事業計画書よりも《いかに検証したか》ということが評価基準になっています。

私たちも研究開発の事業化においては、机上で細かい収支を計算する事業計画書より、歩いて検証したビジネスコンセプト中心の提案を重視しています。

はじめての事業提案書をつくる

次は、いよいよ事業提案の準備です。

経営者から承認してもらわない限り、事業は始めることができません。そのため、市場についての説明のほか、事業構造や実現の可能性、収支をまとめた提案書が必要となります。

定まったフォームは特にありませんが、そこに盛り込むべき内容は概ね決まっていますのでご紹介していきましょう。

ただし、初めて事業提案書をつくる人にとって、文字だけで説明されてもわからないことだらけだと思いますので、DIW塾の参加者が自分たちでつくり上げた事業提案書の見本（一部改変あり）をイメージ図として載せておきました。

それを見ながら本文を読んでいただければと思います。

①「事業名」は自社が扱う範囲をイメージしやすいものにする

これから提案するものが、何のビジネスであるかをわかるように記載します。

事業の特性がわかるように書くことと、どのような事業であるかを合わせて書くことが大事です。

例えば、「体にやさしいお惣菜の宅配事業」という事業を提案するとした場合には、自分たちがそのビジネスのどの部分を担うのかをハッキリさせるための説明が必要となります。

お惣菜の生産をするのか？　配送までは行うのか？　受発注はどうするのか？　といったことです。あるいは、生産している加盟店を募集してポータルサイトを運営する事業も考えられますから、《主に自分たちが行うことは何か》を事業名として表わすとわかりやすくなります。

図として掲載したのは、D－W塾のある受講生（グループ）が考えた「保育園で夕食のお総菜を受け取れるサービス事業」です。

◆事業提案の概要例

事業名	保育園で夕食のお惣菜を受け取れるサービス事業
事業の背景	働く女性の増加により、惣菜販売事業は増加傾向にある。手軽に注文受け取りができるシステムが求められている

事業コンセプト

何を	どうやって	誰に
安心安全なお惣菜	事前にネットで注文し、保育園で受け取る	保育園児を持つ働く両親

競合相手

コンビニ
弁当屋
宅配業者

（セブンイレブン
オリジン弁当
ワタミ）

参入のタイミング

2014年3月

顧客セグメント、市場規模

神奈川県約10万人
全国200万人

（私立保育園で
テスト実施）

事業の特色

・忙しい母親の時間短縮ができる
・予約から受け取りまでのシステムを保有

課題

・生産、配送体制が構築できるか
・行政の認可、協力が得られるか

②事業の背景と事業環境

なぜその事業を思いつき、始めようとしたのかを説明します。市場や事業環境の変化がすぐにわかる資料があると、提案を受ける側はその事業の位置づけをイメージしやすくなります。

図の資料は、前述の事業提案書に使われた背景説明の一部です。

◆食品宅配市場の拡大

2012年度の食品宅配総市場規模は
前年度比103.9%、1兆8,078億円の拡大基調

2012年度の食品宅配総市場規模（主要10分野）は前年度比103.9%の1兆8,078億円であった。高齢人口の増加、女性の社会進出定着による家庭内調理時間の短縮、生活スタイルの多様化による個食化の進行、昨今の国内不況による外食離れ、家庭内調理による食事摂取（内食）志向の強まりなどから、食品宅配市場は拡大基調にある。

在宅配食サービスやネットスーパー宅配が
市場拡大に貢献

分野別にみてみると、主に高齢者向け在宅配食サービスなどが堅調に推移し、またネットスーパー宅配は総合スーパーマーケットなどが取扱店舗を拡大させたことで会員数を大幅に伸ばし、市場拡大に貢献している。

2017年度の食品宅配総市場規模は2012年度比で
121.9%の2兆2,045億円の拡大を予測

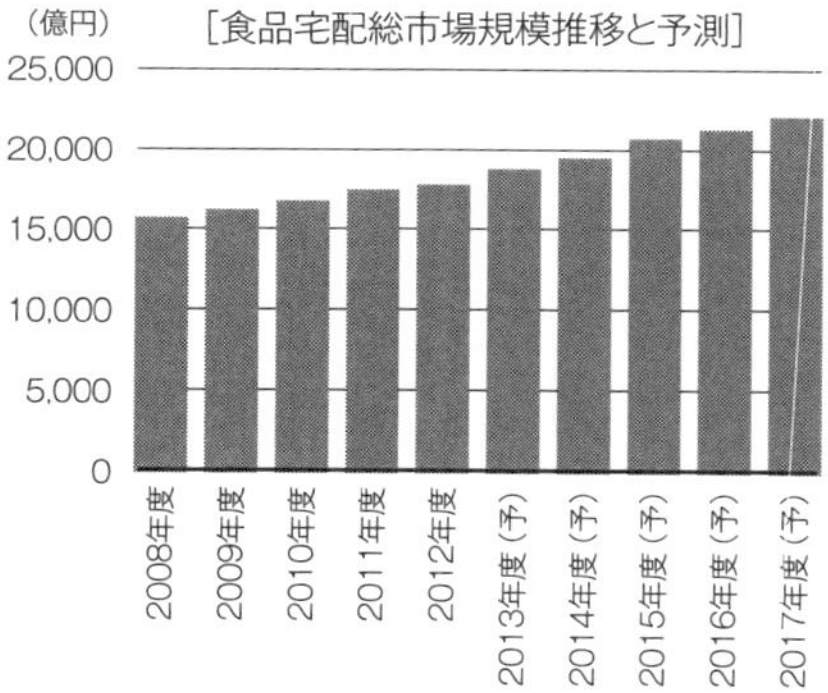

出典：㈱矢野経済研究所 HP
食品宅配市場：①在宅配食サービス、②惣菜宅配サービス、③宅配ピザ、④宅配寿司、⑤外食チェーン･ファストフードの宅配、⑥牛乳宅配、⑦生協の個配サービス、⑧ネットスーパー宅配、⑨コンビニエンスストア宅配、⑩自然派食品宅配を対象

③問題意識と顧客のニーズ

その事業がなぜ必要なのか？　なぜ成り立つのか？　ということを、顧客の立場に立って、欲求や現状の問題点を提示します。

そこにビジネスチャンスがあることを伝えるために、顧客の状況、不安、そして、「どうあったらよいか？」という顧客ニーズを、段階的に説明すると説得力が高まります。

これはすでに『ドアモニ』の例で説明しました。

図の資料は、前述の事業提案書に使われたニーズ説明の一部です。

◆③市場ニーズと解決案

保護者のニーズ

1. 親子共々身体によい食事をしたい
2. 子供・働き世代の親が満足できるボリュームのあるお惣菜を購入したい
　→現在ある宅配のお惣菜は高齢者向き…
3. 時間のムダなくお惣菜を購入したい
　→宅配だと希望時間に受け取れない

↓

親子向けのお惣菜を保育園で受け取れないか？

④ビジネスモデル

顧客のニーズに対してどのような解決策を提供できるのか？　をビジネス構造として簡単に表す方法として世界的に注目されているのが、ＢＭＣ（ビジネス・モデル・キャンバス、Business Model Canvas）です。

このＢＭＣとは、新規事業計画を立てる際などに使う思考ルーツです。ビジネスモデルを《九つの要素》に分解して、それを一枚の紙にまとめるのです。

すでに書いたように、現代のビジネスはスピードが重視されていますから、あまり詳細な事業計画をつくるよりも、とにかく簡単に立ち上げて、実験的に進める方法が主流となっています（図の資料は前述の事業計画書に使われたＢＭＣ）。

そのために一枚のキャンバスにビジネスモデルを書くというこのＢＭＣが世界的に広まっているわけです。

とてもシンプルでありながら、いえ、シンプルだからこそ、より深いレベルで顧客や収入の流れ、原価構造などが理解できるのが、このＢＭＣの特長です。

＊参考文献『ビジネスモデル・ジェネレーション ビジネスモデル設計書』（アレックス・オスタ

◆④ビジネスモデル

<table>
<tr><th>8.
パートナー</th><th>7.
主要活動</th><th>2.
顧客価値</th><th>4.
顧客との接点</th><th>1.
顧客セグメント</th></tr>
<tr><td rowspan="3">①川崎市/自治体
②保育園
③シルバー人材センター</td><td>①ネットショップの管理
・受注取りまとめ
・厨房への指示
・シルバー人材手配
②メニューの開発
③メルマガ配信
・地域子育て情報</td><td rowspan="3">・身体に良いものが食べられる（安心・安全）
・帰りにお惣菜を買う時間が短縮できる
・食育地域子育て情報を得られる</td><td>・保育園
・ネットショップ（ホームページ）</td><td rowspan="3">フルタイムで働いている保育園の保護者</td></tr>
<tr><th>6.
経営資源</th><th>3.
チャネル</th></tr>
<tr><td>・栄養士による献立の開発
・24時間対応のコールセンター（受注受付業務）</td><td>ネットショップ（カード決済）</td></tr>
</table>

9. コスト構造	5. 収益の流れ
・人件費 ・食材 ・食事容器代 ・保管用発泡スチロール・保冷材等 ・配達車維持費・ガソリン代	お惣菜売上代金

参考文献『ビジネスモデル・ジェネレーション ビジネスモデル設計書』（アレックス・オスターワルダー、イヴ・ピニュール 著／小山龍介 訳、翔泳社）

ーワルダー、イヴ・ピニュール著／小山龍介訳、翔泳社）など

このやり方を理解するために、まずは《あなたの会社の商品やサービス》を題材にして、次の九つの質問に答えてみてください。

1. 顧客セグメント（どんなお客様ですか？）
2. 顧客価値（そのお客様にとっての価値は何ですか？）
3. チャネル（どのような販売ルートを使うのですか？）
4. 顧客との接点（お客様とどのようにつながるのですか？　会員組織とか、告知方法など）
5. 収益の流れ（売り上げは何か？　＊商品やサービスの代金など）
6. 経営資源（自社がすでに持っている資源は何ですか？　＊工場や技術など）
7. 主要活動（主に経営活動として何を行うのですか？）
8. パートナー（誰と提携するのですか？　供給業者や共同開発者などは？）
9. コスト構造（必要な経費などはいくらかかりますか？）

このBMCを、ご自分の会社を例にとって作成することで、自社のことも、新規事業や商品のことも理解できるようになります。

私たちDIW塾でも、練習として自社の既存の製品について記入して、互いに説明し合っています。これを書くだけでビジネスの仕組みがよくわかってきます。

⑤顧客セグメントとニーズ分析、アトリビュート分析

顧客ニーズ分析とアトリビュート分析については、既にご紹介してきました。顧客セグメンテーションを行い、さまざまな可能性を探った結果このような仮説を立てましたという説明が

◆⑤アトリビュート分析例　KHPのお惣菜

商品名　KHPのお惣菜　**顧客セグメント**　フルで働く保育園保護者

	基本的特性	優勢的特性	決定的特性
肯定的立場	**あって当たり前** おいしい 安全 手づくり	**ちょっと違う** 子供に食べさせても安心な 味付け、安全な食材	**これに決めた** 保育園に配達してくれる 当日頼める
否定的立場	**我慢できる** 価格は高め 冷めている	**文句を言いたい** 量が少ない 味が濃い （しょっぱい・脂っこい）	**何だこれは** まずい
中立的立場	**だから何なの** 他店のお惣菜と変わらない	**おまけなら欲しい** 容器がお洒落	

あるといいですね。

⑥仮説の検証

ＢＭＣを書き、アトリビュート分析を行いましたが、ここまではあくまでも机上の考えです。実際にお客様が望んでいるものなのか？　その商品やサービスをつくり上げることができるのか？関係者は協力してくれるのか？　などを調べてみる必要があります。

そのためには、アンケートを採ったり、ヒアリングをするなど、実際に行動する必要が出てきます。

実際、塾生の中には「この検証行動をおこなったことで自分に自信がついた」と話していた人もいます。説得力を高めるだけでなく、自分自身のためにも行動を伴うことがとても重要なのです。

図の資料は、前述の事業提案書に使われた仮説の検証結果の一部です。

◆⑥仮説検証　保育園保護者アンケート

Q1：保育園にお惣菜を配達してくれるサービスがあったら利用しますか?

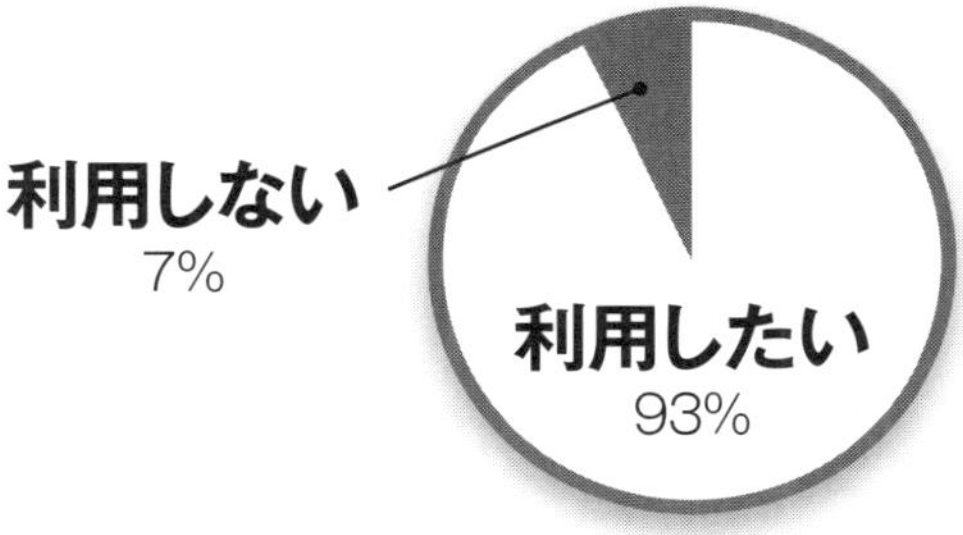

Q2：お惣菜一人当たり700円設定はいかがですか?

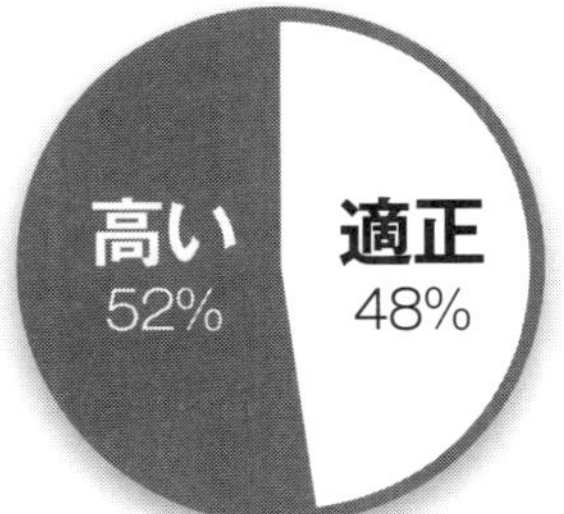

［**保護者コメント**］

素材や添加物にこだわるなら高くない。
自身が外食を避けているのはひとえに子供の食の安心安全のためです。

せめて子供の食事だけでも安全なものを与えたい。

一人あたりワンコイン（500円）、500円〜、単品などがあると嬉しい。

食中毒などの衛生面（安全性）が気になる。

スマートフォンなどを使って通勤中に注文ができると良い。

⑦提案するビジネスモデル

実際に調べてみると考えていたこととは違うことが出てくるはずです。それらの情報を踏まえて再度ビジネスモデルを検討し、つくり直す必要があります。

⑧商品コンセプト

ビジネスモデルができたら、具体的に商品イメージをつくり上げます。まだ世の中にないものを提案する場合が多いので、類似の写真を使うとか、絵にするなど見る人が具体的にわかるようにするといいでしょう。それを具体化することで、コストも算出しやすくなってきます。

⑨競合とポジショニング

自社の商品やサービスのコンセプトを明確にしたら、競合する商品やサービスとのコンセプトの違いを図に表したのがこのポジショニングです。

縦軸と横軸はいろいろな取り方があるかと思いますが、お客様のニーズで二つの軸をとるのが一般的です。

これらは実際に販売していく段階になったときの、自社商品の訴求ポイントになっていきます。そして、どのように差異化していくか、あるいは関係者にどのようなメリットがあるかについては、より具体的に説明シートを使ってもいいでしょう。

図の資料は、前述の事業提案書に使われたものです。

◆⑨競合とのポジショニング（安心×便利）

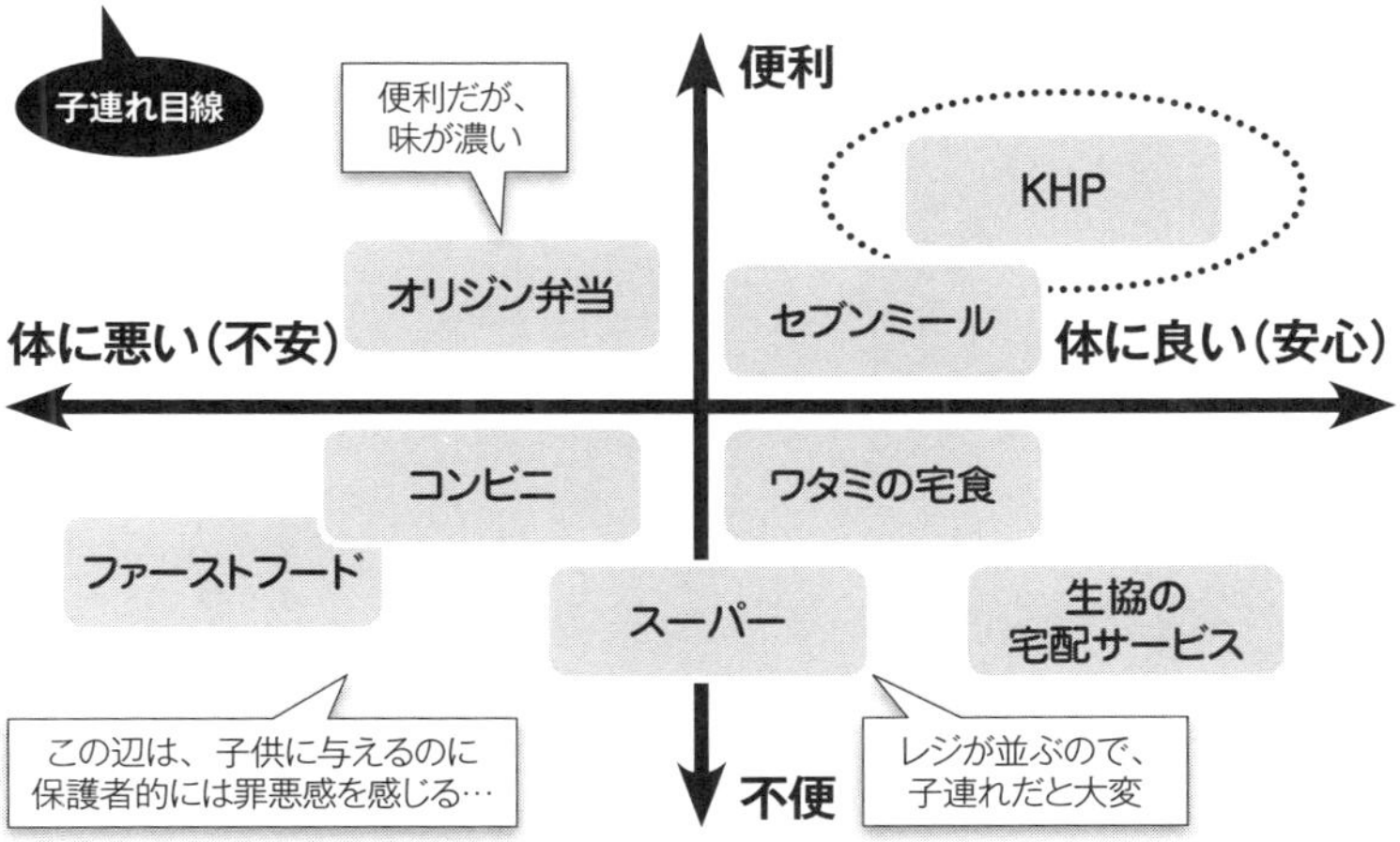

⑩事業収支

まず、単価はいくらなのか、そしてそれがどのくらい売れるのかを数年先まで予測します。これが売上予測推移表となります。

その売り上げを上げるためにどのようなお金が必要となるかを検討します。

まずは、事業を始めるにあたって、必要経費（初期投資）がいくらかかるのか、そして、事業がスタートしてからその運営にいくらかかるのかを算出します。

これには材料費など売り上げの多寡によって変わる費用（変動費）とお店の家賃や管理費など、売り上げに関係なくかかってしまう費用（固定費）があります。わかる範囲内で抽出して計画を立てていきます。

さて、あなたの計画では、何年くらいで黒字になるでしょうか？　黒字になるまでは手持ちのお金を持ち出すことになります。そこまで初期投資を合わせてどこまで持ちこたえられるのかを検討します。

提案が通って事業化の本格的検討を行うようになった時点で、詳細な調査をする必要がありますが、それにもお金がかかります。この段階ではざっと試算することで、だいたいの投資金

◆売上予測

	2014年	2015年	2016年
年会費	10000	10000	10000
利用者数/1施設	20	30	40
契約施設数	1	5	10
会費収入	200,000	1,500,000	4,000,000
購入単価	2000	2000	2000
購入回数/1人/年	60	80	100
利用者数	20	150	400
販売数	1200	12000	40000
商品売上収入	2,400,000	24,000,000	80,000,000
合計売上	2,600,000	25,500,000	84,000,000

◆収支計画

		2014年	2015年	2016年
合計売上		2,600,000	25,500,000	84,000,000
変動費	材料費	700,000	6,000,000	18,000,000
固定費	諸経費合計	500,000	7,000,000	20,000,000
	人件費計	700,000	5,000,000	15,000,000
	運営費	6,000,000	6,000,000	12,000,000
費用合計		7,900,000	24,000,000	65,000,000
利益		-5,300,000	1,500,000	19,000,000

額のイメージを抱いていただきます。

図の資料は、前述の事業提案書に使われた売上予測と収支計画です。

⑪次のステップの提案

ここまででビジネスの概要を説明しました。

今度は、実際に進めていくにはどのような資源が必要なのかを書き出すことで、具体的に何を投入すべきかを判断してもらいます。

また、その資源を会社として投入する価値があるかどうかは、一商品の販売やモデル店舗の運営だけではわかりません。そのため、この事業モデルができたら将来はどう展開していくのかを見せていく必要があります。

◆将来構想

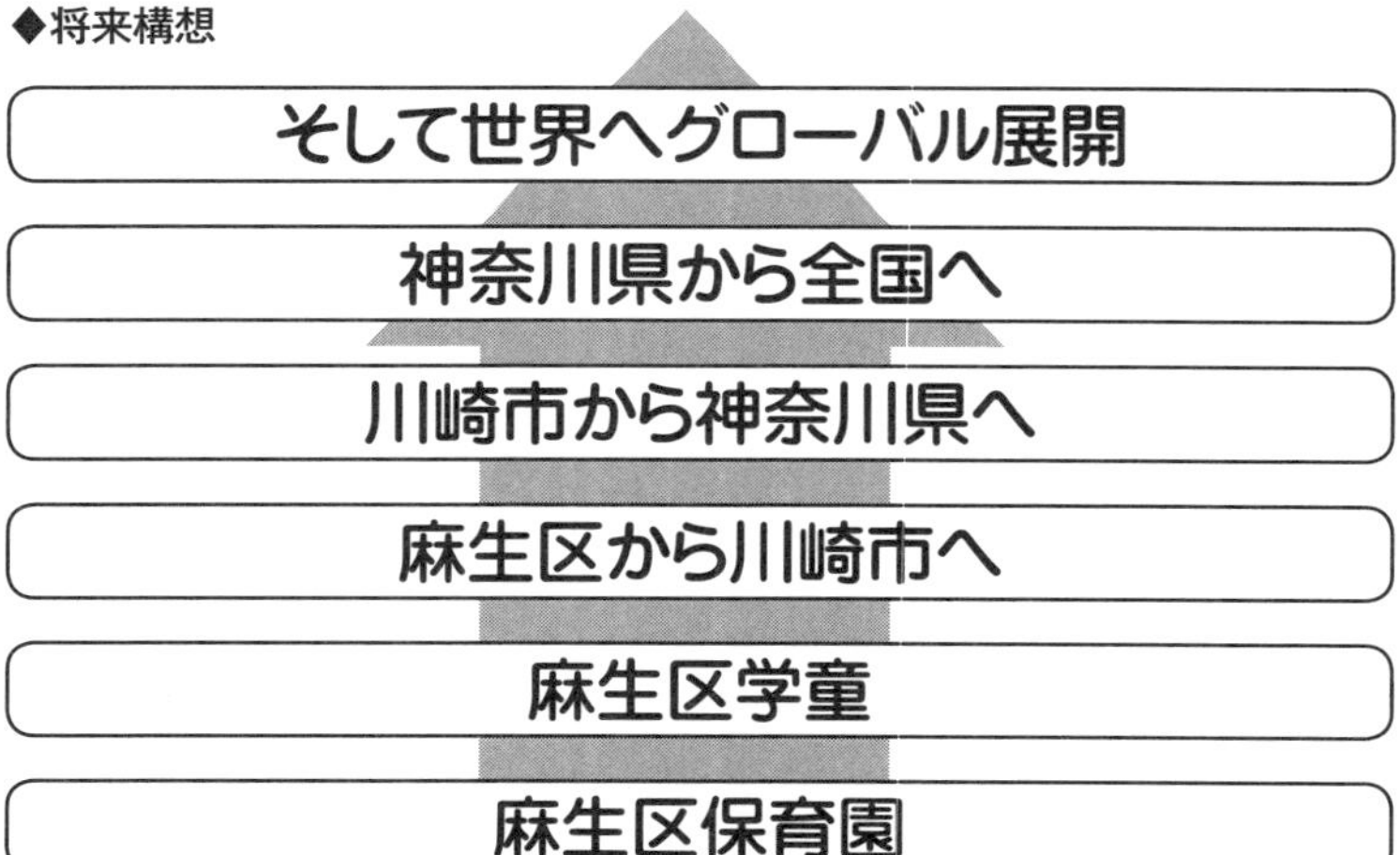

右図は簡単に事業提案書の内容について説明したものです。事業内容によってはさらに詳細な検討や説明が必要な場合もあります。

提案書に必要なのは魅力ある事業であること、自社がそれを行う意味と実現の可能性がありそうだということをわかりやすく説明することです。リアルな一歩を示すと同時に将来どのような拡大の可能性があるかという夢を提案することが大事です。

このように身近なアイデアをビジネスモデルにし、提案書まで書けるようになると事業とは何か、会社とは何かという全体像を掴むことができます。たとえ、ビジネスを立ち上げることができなくても、この経験を通して社会の中の会社、会社の中での自分の仕事、その関連づけや意味づけができるようになると、日々の仕事もより面白くなっていくのではないでしょうか。

〈第六章〉

ハラスメントを受けつけない

「あなたが死ぬほど働いているのにちっとも楽しくないという場合、おそらく何かが間違っている。楽しい理由の一つは将来の成功の予感かもしれない。だが、一番大きいのは同僚と一緒に笑ったり、ジョークを言いあったり、共に仕事をする楽しさであるはずだ」

エリック・シュミット&ジョナサン・ローゼンバーグ
（『How Google Works』日本経済新聞出版社より）

ハラスメントは女性の活躍を阻害する一要因

日本で女性活躍推進が言われ始めたのは、一九八五年の「男女雇用機会均等法」の制定がきっかけではないでしょうか。

それまでは、採用、昇進、昇格、教育の機会、処遇であまりにも男女の差があったために、機会は均等にしていくことを定めた法律です。この法律が一九九〇年に改正になったときに、セクシャルハラスメント防止条項が追加されています。

つまり、「せっかく制度上さまざまな機会を均等にしたとしても、女性が男性と同じように働けない要因にはセクシャルハラスメントがあるからで、それを無くしていくように企業も努力してください」ということになったわけです。

そして残念なことですが、未だに女性の活躍を阻害する要因としてハラスメントの問題がたくさんあります。

パワハラ、セクハラ、マタニティハラスメント、ジェンダーハラスメント……。まだまだ組織の中では弱い立場にある女性がハラスメントを受けやすくなっているのが現実です。

さらに、女性が活躍することで今までの職場秩序が乱れ、その秩序の良し悪しは別としてそこで働く人々が不安感を抱きやすくなり、それがハラスメントにつながることもあるでしょう。

こうしたハラスメントからの被害を避け、また、自分が高い地位に上り力をつけていったときに自分が相手にハラスメントをしないようにすることは、社会で働くためのスキルとしても重要なものです。

また、パワハラやセクハラは、相手が一方的に行っているばかりではありません。知らず知らずのうちに、あなたが相手を怒らせたり、不快にさせたりしていることもあるのです。上司や先輩だって、人間です。そんな不快に耐えきれずパワハラをしてしまうこともあるでしょう。

ハラスメントをする側が悪いのは当たり前のことですが、被害を受ければ大きく傷つくのは自分自身なのですから、それを避ける努力をしなければいけません。

そこで、この章では、あなたの能力を最大限に生かすために無用なハラスメントを受けないためのヒントを差し上げましょう。

ハラスメント問題は相手との関係の中で起きてきますので、必ずしもこうすればうまくいくというわけではありませんが、参考にしてください。

●セクシャルハラスメントから身を守る

職場のセクハラをみるとさまざまなものがあります。セクハラをする人、受けてしまう人の自覚度合いによってどう対応したらいいか、考えてみましょう。

図をご覧ください。これは、セクハラ行為者と被害者のそれぞれがどう自覚しているかによって四つに分類したものです。

《故意のケース》

まずは、「故意」のケースです。

セクハラをする人に明らかに性的な関係を求める意図があり、受け手の方もそれを不快だと感じている場合です。嫌なのに体に触られたり、

◆自覚度別セクハラ分類

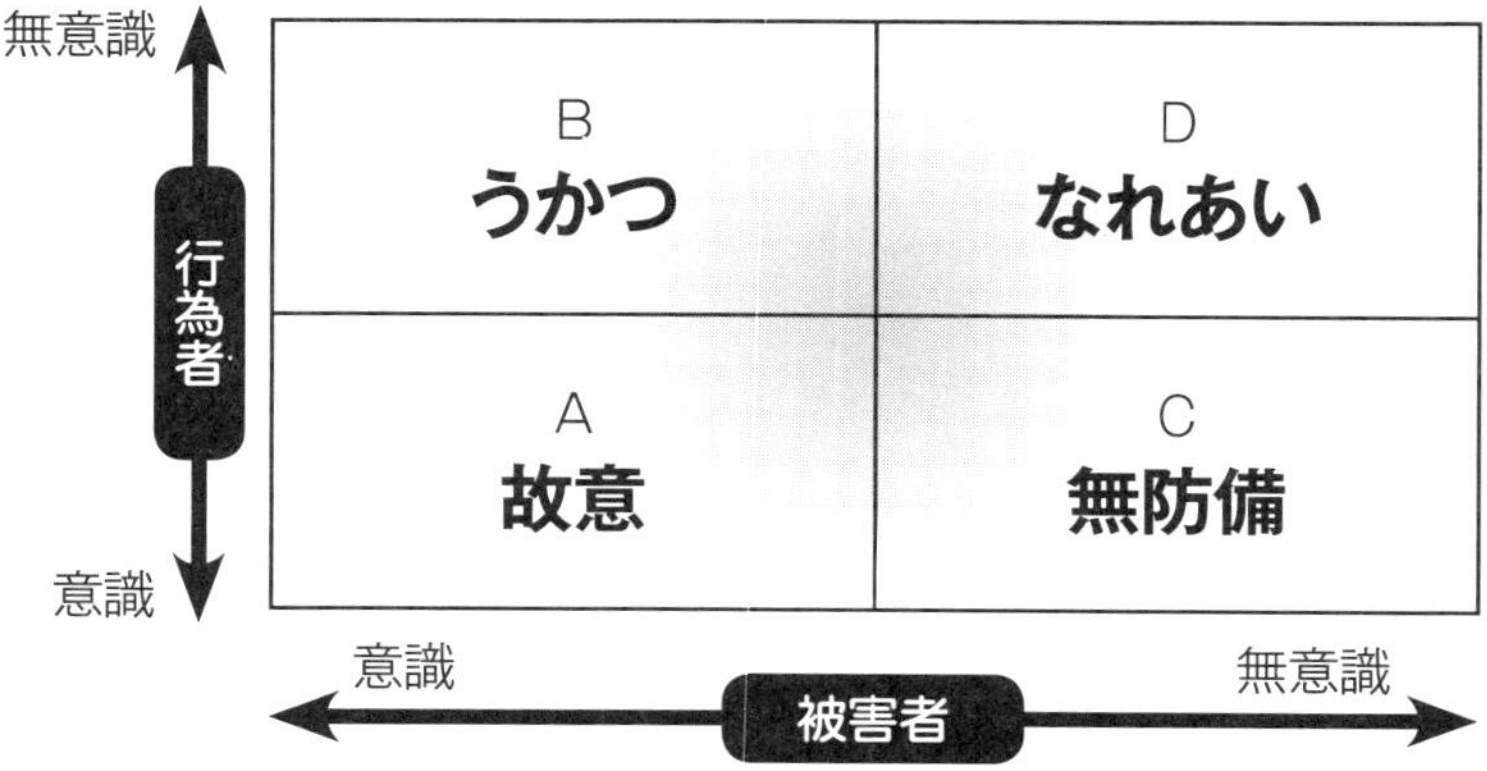

＊『セクシャル・ハラスメント防止のためのガイドブック』（クオレ・シー・キューブ編）より

性的な関係を求められるケースです。

雇用の保証をちらつかせながら暗に関係を求めたりするなど、悪質なものもあります。この場合は、相手はわかっていながら強引にやってくるのですから、自分だけでの解決は難しいでしょう。

その気配を感じたら、人間関係が悪くなることを恐れずにきっぱり断る、あるいはその場を去ることが大事です。

断ったことを理由に立場を悪くするようなことがあれば、これは正真正銘のセクハラですから、迷わず窓口に相談しましょう。

企業はセクハラ防止と問題解決が義務付けられているので、それに対応しなければならないのです。セクハラ窓口に相談したことであなたが不利益を被らないことはもちろん、プライバシーは保護されるのが原則です。

そこまではなくても、何となく危なそうだったらその人と二人きりになることは避けましょう。

《うかつなケース》

次は、「うかつ」。

セクハラをしている人に悪気がなく、無意識にやっていることが、被害者に不快な思いを与えているケースです。

例えば、容姿を話題にする、恋愛関係について尋ねる、性的な冗談を言うなどの行為は、相手の気持ちに配慮がなくて起きています。

やっている人に自覚がなくて、むしろその場を和ませようとか、褒めてあげようなどと思っていてセクハラとは思っていないのですから、こちらから、やめてほしいということを率直に伝えていくことが重要です。

上司や先輩、取引先の関係者に対して、「やめてほしい」と直接頼むのは難しいと思いますが、自分が黙っていたら、相手はこちらが好意を持っていると勘違いする可能性があります。また、嫌であることを伝えなければ、後で「嫌がっているとは思わなかった」との言い訳を許すことになってしまいます。

不快な冗談をニコニコして聞いていたりすると誤解されてしまいますから、「すみません。プライベートなことは話さないことにしているんです」などと言って「NO」という姿勢を示しましょう。

しかし、日頃仕事のことは何も言わないあなたが突然「NO」というのも、相手には驚きとなるでしょう。普段おとなしくしていて、日頃の冗談に対して我慢に我慢を重ねていた女性が、いきなり、「いいかげんにして！　このエロおやじ！」と言ってしまったという話がありますが……、日頃から自分の考えや気持ちをきちんと伝えておくことで、あなたが「NO」を言ったとしてもいきなり関係が壊れることを防ぐことができます。

《無防備なケース》

三つ目は、「無防備」。

自分は相手を刺激するつもりなどなくても短いスカートや胸元の大きく開いたシャツを着ていたとしたら、相手に性的な興味関心を抱かせてしまうことがあります。

それだけでなく「やだあ～」とか「わかんな～い」など舌足らずで甘えた話し方などしていれば、可愛い女の子としか見られません。

自分自身のアイデンティティが「可愛い女の子」ということを一番にしていると、セクハラを受けてしまう可能性が高いのです。

ある女性の話ですが、髪を長くして女性的でソフトな服装が好きでした。その頃はデートに誘われたり、本来の仕事とは違う相談をされたり、過剰に苦情が入って来たりして困っていたそうです。困り果てた末、あるアドバイザーの助言で、髪を短くしてマニッシュなスーツ、そして歩き方や話し方を変えたところ、余計な苦情や誘いがぴたりと無くなりました。

自分の服装や話し方、行動が相手にどのような影響を与えているのかを知っておくこと、そして、TPOに合わせてそれを切り替えられることができるといいですね。

《なれあいのケース》

そして、四つ目は「なれあい」。

これは男性も女性もハラスメントという自覚が全くない場合です。個人的な恋愛関係を職場に持ち込んでいるケースです。

当人同士はラブラブ気分でいいかもしれませんが、仕事をしている周囲の人にとっては迷惑な話で、職場環境を害する行為に当たるのです。

また、セクハラでこじれるケースも、発端は社内恋愛だったという話もよくあります。恋愛関係にあった二人が別れたにもかかわらず、一方が執拗に相手に付きまとう、あるいは都合が悪くなったので無視する、不利益を与えるなどがあれば当事者間でもセクハラ問題へと発展していきます。

恋愛中でも、破たん後でも、私的な感情を職場に持ち込まないのが、プロフェッショナルな仕事の仕方です。

＊

以上、四つのケースを見てきましたが、いずれにしても他人の行動や感情はコントロールできません。だからこそ、自分から被害を呼び込まないような関係をつくっていくこと、それはセクハラのことだけでなく、職場での対人関係を円滑にしていくために必要なことなのでしょう。

パワハラを受けないスマートな女性になる

「上司や先輩が悪い」とか「こんな仕事はつまらない」と思うことはありませんか。たとえそれを口に出さなくても態度や表情に出てしまうものです。私たちの気持ちはその意味内容よりも口調や声の調子、態度、表情に現れやすいと言われています。

あなたは、「上司からほめられてもほめられた気がしない」、「後輩から何となく小馬鹿にされた」などと感じることはないでしょうか。本人は隠せていると思っているかもしれませんが、言われた方は敏感にわかってしまいますよね。

逆にこちらも無意識に相手を怒らせるような態度をしているかもしれません。

このように対人関係はとてもセンシティブです。態度や表情は、いつの間にかあなたの心を反映してしまいます。

時には不本意な仕事を指示されることもあるでしょう。でも、それは組織で誰かがやらなければならない仕事と割り切って、さっさと片づけてしまうことが大事です。

そして、上司から「できる人材」と思われたら、すかさず自分はこんな仕事もやりたいとアピールすることです。組織で働くということは、不本意なこと、不快になることも多々あるかもしれません。でも、どうせ仕事をするなら気持ち良くしたいものです。だって自分の時間なのですから。

●多くの人は前向きな人、ハキハキとした人が好き

不思議なもので、人は、自分自身の中にある「好きだ」と思っている部分を持っている他人が好きです。単純に言えば、自分が努力家なら、努力する人が好きということです。

逆に、自分の嫌な部分を持っている人のことは嫌いです。そして、多くの人は、前向きで、明るく素直な自分が好きなのです。

何となくモゾモゾした話し方をする人や、ビクビクおどおどした態度の人は、相手のイライラや不安な気持ちを誘ってしまいます。なぜなら、相手にとって、それはあまり見たくない自分の姿でもあるからです。

例えば、あなたの上司が、弱いところなど絶対に見せない《イケイケどんどん》タイプなら尚更です。その上司は、自分自身の弱い部分を見ないようにしているので、弱い部分を見せてしまうあなたが嫌いということになります。その結果、弱々しくしていると必要以上に上司の怒りを買ってしまうこともあると思います。

人間は、自分に自信を持ち、毅然とした態度やハキハキした受け答え、気持ちのよい挨拶、笑顔を心がけるだけで、相手に与える印象はだいぶ変わります。そして、そうしているうちに自分にも自信がついてくるから不思議です。

さてここで実験です。鏡に向かって上目使いでおどおどした自分、口を尖がらせた自分を表現してみてください。何だか自信がなくなったり、不満な気持ちになるのではないでしょうか。

その後は、自分が一番素敵に見える表情を見つけましょう。すると、何だか気持ちまでうれしくなるはずです。結構私たちの気持ちは形に影響されることがわかるかもしれません。

「はい、やってみます」と言うときのあなたはどんな顔でしょうか？

イヤイヤ、渋々、という気持ちになってみてください。それはどんな表情ですか？　そんな表情の自分を好きになれますか？

そして、もし「新しい仕事を任せたい」という話が来た時のために、「できるところまでやらせてください」「アドバイスをいただければ、ぜひやってみたいです」と言う練習をしておきましょうか。

●ほうれんそう（報・連・相）はマメに行う

上司はなぜ怒るのでしょうか。それは不安の裏返しとみることもできます。

「進捗状況をこまめに報告してこない！」、「指示したとおりにやっていない！」、「わからないときにすぐに相談してこない！」……。つまり状況がわからないのです。でも上司としては立場上、結果は自分の責任になります。大変なことが起きるかもしれないと不安な気持ちになるのです。

だから、上司を怒らせない秘訣は、ほうれんそう（報告・連絡・相談）を密にすることです。部下への期待と、その結果のズレが上司を不安にさせるのです。少し早目に相談することで上司は手を打つことができるでしょう。そうすることで不安はある程度解消できるはず。

特に大事なのが「しにくい相談」や「悪い報告」ほど早く、まめにすることです。

例えば、よくわからないまま、また、自分が納得しないまま仕事を進めてしまい、「上司は忙しそうだから……」「こんなことを聞いたら恥ずかしい」などという理由で遠慮していたら、トラブルはより大きくなります。

また、トラブルが起きているとき、ミスをしたとき、仕事が遅れているときも同様です。

上司にとって一番困るのは、部下が自分で抱え込んでしまったために悪い報告が遅れてくる

（隠される）ことです。

●自分に完璧さを求めない

ある女性の話です。彼女は、何もかも完璧にこなすスーパーウーマン。女性社員の憧れの存在でした。仕事ができて部下の面倒見もよく、家庭でも良妻賢母として頑張っていました。

しかし、昇進して責任が重くなったことで、頑張りすぎてしまい、うつ病になってしまったのです。

この女性のように、頑張ることで他人から認められてきた人は、頑張ることが自分の価値だと思ってしまう傾向があります。

また、女性として「仕事も家庭も完璧にこなしたい」という役割意識にも縛られていたのではないでしょうか。

これは、まじめで、優秀な女性が陥りやすい罠です。

仕事のできる女性、完璧なお母さん、良き妻、良き娘であり続けることは大変なことです。時にはダメ母、ダメ妻であってもいいじゃないですか。

意外に子供はダメ母の方がしっかりと育つとも言います。仕事で頑張っていることだけでも大変なのに人からどう見られるかまで計算していたら身が持ちません。終わりのない努力をし続けることになってしまうことでしょう。

今、どこの職場でも長時間労働が問題になっています。「短時間で効率よく仕事をしましょう」「無駄な残業はやめましょう」という方向に動いています。

実はそれでも仕事は回るのです。職場にある「長時間働く人がえらい」「頑張ることはいいことだ」という暗黙のルールを打ち破るのはあなたかもしれません。他の人に助けてもらう工夫や効率よくやる方法を考えてください。

仕事も家庭も「上手な手抜き」を考えてみましょう。それが職場全体の長時間労働改善の一つになるはずです。

●「でも……」「だって……」はハラスメントを招く

上司や先輩に問題点を指摘されたときに、「でも……」「だって……」という言い訳ばかりしていないでしょうか。「でも」や「だって」の後から「私は悪くない」「言われていない」「しょうがなかった」という責任のがれの言葉が聞こえてきそうです。

何か頼んだら、いつも「でも」「だって」と言い訳ばかりされたら相手は不愉快になります。

自律的に生きている人はこうした言葉をあまり使いません。責任は自分にあると思っているから、相手からの指摘を真摯に受け止めて改善しようとするからです。

自分は能力がない、弱くて、何も決めることができない、問題解決力がない、すべて会社や上司から一方的にコントロールされていると思っていると、自分を守るための言い訳をしてしまうことになります。何かができなかったとき周囲や環境のせいだとしてしまうのではなく、自分ができることは何なのかを考えてみましょう。こちらの態度が依存的であればあるほど相手は力を行使してきます。つまり相手にハラスメントをさせやすくしているのです。

注意をされたとき、「でも」「だって」という反論・防衛の言葉ではなく、「はい、それでは……」「では、どんな風にやれば……」と前向きな行動改善のヒントをもらう言葉を用意しておくといいですね。

●自分よりワンランク上の考え方をする

やらされ感のある仕事から脱却するためには、今よりもワンランク上の立場でものを考える習慣を付けることも有効です。

当たり前ですが、人間は、自分のおかれた立場によって考え方が違います。

社長と課長と新入社員とでは負っている責任が違いますし、見えている景色が違います。上の人間がすべて正しいと言うつもりはありませんが、その立場になってみないとわからないこと、解決策が見つからないことはあります。

そんなときには、

「この状況を上司や先輩ならどう考えるか？」

「自分の仕事ぶりに対して、自分自身が上司ならどう思うだろうか？」

「自分のいる組織は何を目指していて、この場合はどうすべきなのか？」

と考えてみるといいでしょう。会社や上司、先輩が、自分に対して期待していることが見えてくるはずです。

また、上司を、自分と同じ一人の人間として考えてみたときに、彼自身の抱える悩みや思いも理解できるのではないでしょうか。

ワンランク上の視点を獲得することは、今が楽になるだけではなく、将来あなたがリーダーになったときにも大いに役立ちます。

〝気持ち多め〟の貢献を心がける

欧米と違って、日本ではあまり意識されないのですが、会社と自分は対等な契約関係にあります。

雇われているのは間違いありませんが、自分も契約に基づいて労働力とスキルを提供しているのですから、あくまで対等な関係なのです。

ですから、かつてのモーレツ社員や、最近世間を騒がせているブラック企業が強いている「滅私奉公」的な過剰な奉仕は必要ありません。

心身を壊してしまっては何にもならないし、私生活も含めた広義のキャリアを充実させることも大事です。

ただし、忘れてはいけないのは、対等の契約関係ということは、あなたにも、それなりの貢献が求められるということです。

例えば、あなたがしているその仕事を外注したら、いくらになるのか？　お給料に社会保険などのコストも含めた金額に対して、自分はそれとつり合いの取れる貢献をしているだろうか？　という視点を持っているといいでしょう。

そして、雇われ続けるためのエンプロイアビリティという観点から言えば、〈自分が受け取る報酬よりも会社への貢献度が少し高めになるくらい〉のバランスを心がけるべきです。

企業は、利益を上げることで存在し、その利益で次の投資を行ったり事業を拡大することで継続することができるのですが、ということは、一人ひとりが、もらう給料よりも少し多めに貢献することが必要だということです。一人ひとりが余分に貢献して、それが蓄積されたものがすなわち企業の利益となります。これからは「給料以上に貢献する人、そういう人以外は要りません」ということになってしまうことでしょう。

これまで日本企業は、年功序列といって、若い時代には働いた分より少し少なめの報酬で報い、その代わり会社生活の後半は少し多めの報酬を払う制度を取り入れていました。長期的に見て収支のバランスをとっていたのです。

しかし、これからはますます短期的な視点で、一人ひとりがそのときどきに企業から「利益に貢献できるの？　できないの？」と問われることになるでしょう。

貢献できていればそのことが自分の自信になりますし、他人からの評価となります。本当にそうであれば、お給料も上がるでしょう。

もし、そこまでやっても上がらなければ、そういう会社は辞めればいいのです。

一生懸命に仕事に取り組んで身に付けたスキルは、他社へ転職できるだけの大きな力となっていることでしょう。

一人ひとりがスキルを上げていい仕事をすることで、お客様にいい商品やサービスを提供します。そうすることによって会社は利益を得ることができます。その利益は未来への投資や社員の給与として還元されます。そういう会社では社員は会社にロイヤリティを持って働き、能力を発揮します。その結果、社会に価値をもたらす製品やサービスを提供することができます。このようなサイクルがうまくいった会社は社会に貢献しながら利益を上げて、継続することができることでしょう。

そんな良い循環をもつ会社の一員として参加できるかどうか、それはあなたがどう能力を開発し、発揮できるかによるのではないでしょうか。

さあ、今まで気づかなかった自分の可能性に目を向けて、新たな道を開いていきましょう。この本をここまで読んだあなたはすでにその一歩を踏み出しているのですから……。

あとがき

二〇一五年一月から、DIW倶楽部という女性役員とその候補者のための勉強会を始めています。

まずは企業の役員の方々や大学教授や各界の専門家をお招きし、企業の役員に求められる資質、能力について議論を重ねてきました。現在は、社外取締役を目指して独立して活躍する女性たちが相互に学ぶ自主勉強会を開催しています。

この本ではエンプロイアビリティとは何か、それを高めるにはどうしたらよいかについて、ずっと考えてきました。よくよく考えてみると、企業内で発揮する最高のエンプロイアビリティは、取締役か執行役員になることでしょう。社外取締役として抜擢される人も高いエンプロイアビリティを持っている人たちです。

二〇一五年、東証一部上場企業（約一九〇〇社）の女性社外取締役は、三四三人と前年の二・二倍になったという報道がありました。五年以内に半数を超える企業が女性役員を置くというアンケート結果もあります。今、女性が取締役になれるチャンスが訪れています。

そもそも海外の投資家からは女性取締役を入れるべきであるという圧力があって、それが女性活躍推進法成立につながっています。また、並行して上場企業は独立社外取締役を二名以上置かなければならないというルールができました。

どっちみち女性取締役を置かねばならないなら、社外取締役二名のうち一名は女性にしようということになるはずです。それを受けて内閣府では「はばたく女性の人材バンク」と称して、弁護士、公認会計士、政府の委員会に参加した女性たちを取締役候補としてリスト化し公表しています。このような社会の動きを考えると、今、社外取締役というポジションが、女性が役員になる最も近道であると思われます。

そこで私たちも取締役を輩出すべくD－W倶楽部の活動の一環として、企業役員に求められる役割と能力とは何かについて、検討を重ねてきました。女性が役員になるメリットを私たちなりにまとめてみましたので紹介しておきます。

まず、なぜこのように女性役員を置くことが求められているのでしょうか。いわゆる上場企業は投資家や一般の人に株を買ってもらい、そのお金で事業を運営しています。お金を投資した人はそのお金を会社がきちんと使っているかどうかを知らなければ不安になります。しかし、いちいち会社に出向いてチェックすることはできません。そのかわりに株主総会を開きそこで取締役を選んで取締役にチェックしてもらう仕組みになっています。

今、小口の投資もできるようになり、さまざまな人が株に投資しています。そこには女性も外国人もいますし、大金を運用している人もいれば、わずかな生活資金から投資している人もいます。本来その人たちの代表が取締役であるはずですが、これまで日本企業の取締役は多くは属性を同じくする（日本人・男性）人たち、あるいはその企業に影響力のある企業・団体出身者で占められてきました。そうした状況を海外の投資家はおかしいのではないかと指摘するようになってきたのです。

そのため、取締役にはさまざまな属性の人を選びなさい、企業内部の力が及ばない人を選びなさいということになったのです。その一環として当然女性取締役も置かなければ社会から信用されないということになります。

取締役の大事な役割は、経営陣が間違ったことをしないようにチェックすることにあるのです。

また会社は株主のためのものだけではありません。ステークホルダーという消費者（顧客）、従業員、株主、債権者、仕入先、得意先、地域社会、行政機関などの全ての関係者に対して企業としての責任を持たねばなりません。

一般的に女性は男性よりも企業人としてだけでなく消費者、生活者、地域住民として多様な立場をとる傾向があり、それぞれの立場の利害を理解することができると考えられています。また長期的にみて企業存続のためには、地球環境、医療、健康、教育などの社会問題に対して厳しい姿勢で経営陣に意見する存在が不可欠なのです。

さらに、今までの組織の論理に沿った仕事中心の働き方から、ワークライフバランスを重視した新しい組織との関係を求める人たちが、満足できる組織・職場づくりができるのも女性役員であり、期待されるところです。

重要なのは企業の成長発展に寄与することです。

企業活動の目的は何らかの社会的価値をつくり出し、それによって利益を生み出し、継続していくことにあります。そのため将来を見通し、価値ある事業を生み出すことを支援していくことも大事な役割です。現に女性取締役がいる会社ほどROEが高い、つまり利益が上がっているというデータもあります。企業の次の段階は取締役だけでなく事業に直接貢献する女性執行役員を育てていくことにあると思われます。

このように女性役員への期待は高まっているものの、取締役や執行役員としての重責を果たしていくためには、女性自身も学ばなければならないことがたくさんあります。これからも私たちDIW倶楽部は、内外を問わず企業の役員の方やその候補者の学びの場を提供していきたいと思っています。

この本を読まれた女性たちが自分自身の可能性にめざめ、役員を目指してDIW倶楽部の仲間として入会してこられる日がくることを楽しみにしています。

岡田康子

［著者プロフィール］

岡田 康子 （おかだ やすこ）

1954年生まれ。中央大学文学部卒業後、社会福祉法人や民間企業での勤務を経て、1988年企業の新事業コンサルティングを行う株式会社総合コンサルティングオアシスを設立。1990年東京中小企業投資育成株式会社から投資を受けて働く女性を支援する株式会社クオレ・シー・キューブを設立するなど自ら事業推進の経験を持つ。また1988年から社内起業研究会を主催し新事業やベンチャーの研究を行う。2001年にパワーハラスメントという言葉を生み出し、その後一貫してハラスメント防止対策に取り組む。2013年からDIW（dynamic innovation by women）というコンセプトの下、働く女性活躍の支援サービスを行う。

主な研究・著書に「成功する事業失敗する事業」（1990年 JMAマネジメントセンター）、「上司殿それはパワハラです」（2005年　日本経済新聞社）、「企業における女性活躍推進の実態調査報告」（2014年　産業・組織心理学会）などがある。

自分で決める、自分で選ぶ

—これからのキャリアデザイン—

2016年1月13日　初版第1刷発行

著者　岡田康子
発行者　鏡渕　敬
発行所　株式会社 東峰書房
〒102-0074　東京都千代田区九段南4-2-12
電話 03-3261-3136　FAX 03-3261-3185
http://tohoshobo.info/
装幀・デザイン　小谷中一愛
印刷・製本　株式会社 シナノパブリッシングプレス

ISBN 978-4-88592-175-9 C0034